L'ACQUISITION D'ENTREPRISES

DYNAMISME
ET FACTEURS DE SUCCÈS

Léontine ROUSSEAU, Ph. D.

L'ACQUISITION D'ENTREPRISES

DYNAMISME
ET FACTEURS DE SUCCÈS

1990
Presses de l'Université du Québec
Case postale 250, Sillery, Québec   G1T 2R1

ISBN 2-7605-0564-2

Dépôt légal — 1er trimestre 1990
Bibliothèque nationale du Québec
Bibliothèque nationale du Canada
Imprimé au Canada

Nous dédions cet ouvrage à tous ceux et à toutes celles qui, par leur générosité, ont contribué à sa réalisation.

TABLE DES MATIÈRES

PREMIÈRE PARTIE
LES NOTIONS DE BASE

DEUXIÈME PARTIE

LE CADRE DE L'ÉVALUATION DE L'ENTREPRISE

TROISIÈME PARTIE

LES FACTEURS GÉNÉRAUX D'ACQUISITION

QUATRIÈME PARTIE

LES FACTEURS SPÉCIFIQUES D'ACQUISITION

Liste des tableaux

REMERCIEMENTS

Comme l'indique la dédicace, nous sommes redevable à nombre de personnes qui, grâce à leur générosité, ont rendu possible la réalisation de cet ouvrage et de la recherche qui en est la base.

Nous remercions donc très chaleureusement,

- dans le milieu universitaire : Omer Crôteau, Jean-Guy Rousseau, Laurent Lapierre, Van The Nhut, de l'École des Hautes Études commerciales de Montréal, ainsi que Doria Tremblay, de l'Université Laval ;
- dans le milieu des affaires : Camille-A. Dagenais, Michael Pick (à titre posthume), Gérard Legault ainsi que Jean-Pierre Dallaire, du Groupe SNC inc., Raymond Morcel, de Price Waterhouse, comptables agréés, Pierre Robitaille, de Thibault, Peat, Marwich et Thorne, comptables agréés, Ross M. Skinner, de Ernst et Young, Caron et Bélanger, comptables agréés.

Nous tenons à souligner l'excellent travail de traitement de textes accompli par Hélène Lévesque, ma secrétaire et collaboratrice à la direction de la maîtrise en sciences comptables.

Nous adressons aussi nos plus sincères remerciements à Sylvain Boucher, analyste en informatique, pour l'aide irremplaçable et diligente qu'il nous a accordée en cette matière.

Nous ne pouvons nommer toutes les personnes qui méritent d'être remerciées, tant la liste serait longue. À chacune d'entre elles, nous disons « merci ».

Enfin, nous remercions le Conseil de recherches en sciences humaines du Canada (CRSH) pour la subvention qu'il nous a accordée afin que nous puissions poursuivre nos recherches dans le domaine de l'acquisition et de la fusion d'entreprises.

INTRODUCTION

Acquisitions, fusions, offres publiques d'achat (OPA), il ne se passe pas une semaine, une journée même, sans que la presse locale ne fasse état de ces activités. Nous avons tous et toutes en mémoire les péripéties reliées au Manoir Richelieu, ou encore ce qu'il est convenu d'appeler la « saga des Steinberg ». Pensons également aux transactions importantes de Robert Campeau, de Jean Coutu, de Marcel Dutil, de Jeannine Guillevin Woods, de Bertin Nadeau, de Bernard Lemaire, de Paul Desmarais et de tant d'autres. Elles font désormais partie de notre histoire économique.

Au début de l'année 1989, on apprenait la fusion de Molson et Elders, la société mère de Carling-O'Keefe ; l'acquisition de Wardair par Pacific Western Airlines (PWA), société mère de Canadien International ; l'achat de Texaco Canada par Imperial Oil ; la fermeture du magasin Simpsons acquis par la Compagnie de la Baie d'Hudson. De plus, les entreprises Groupe Commerce et Bélair passaient aux mains de Nationale Nederlanden, un assureur hollandais [1]. Plus modestement, le syndicat des employés de Purdel, une usine de transformation de poissons, se portait acquéreur de celle-ci. Évidemment, ce relevé de quelques transactions est loin d'être exhaustif, il ne donne qu'un aperçu du phénomène.

---

1. Cela dit, sans présumer des décisions que pourrait rendre le Bureau des enquêtes et recherches (Loi sur la concurrence).

Ce mouvement d'effervescence de notre monde des affaires fait partie du grand bal de l'économie occidentale. On achète, on vend, on fusionne, on liquide, on offre, on « contre-offre », on accepte, on décline, on dénonce... et ce, dans un contexte de négociation privée ou sur la place publique. Que d'actions, que d'actions !

Acquisitions, fusions, OPA sont devenues les moyens favoris utilisés pour le développement des entreprises et l'accroissement des empires. S'agit-il de la voie du succès ? Il faut bien dire que de nombreux rêves d'expansion se transforment en échecs si ce n'est littéralement en cauchemars. C'est le cas d'au moins une transaction sur deux !

Que doit-on faire pour réussir une acquisition d'entreprises ? Essentiellement, deux choses : planifier les activités du processus d'acquisition *et* examiner adéquatement l'entreprise cible (ou vendeuse).

Bref, le succès ou l'échec de la transaction se joue *avant* l'acquisition : telle est la thèse centrale de notre approche du phénomène. Mieux vaut prévenir que guérir, dit le proverbe ! La maîtrise du processus d'acquisition, la détermination d'un juste prix, l'établissement d'un plan de gestion pour « l'après-acquisition », voilà les éléments clés du succès. De plus, la prise en considération des facteurs « autres que financiers », et principalement des facteurs reliés aux ressources humaines, contribue grandement à la réussite de la transaction.

L'objectif général de l'ouvrage est justement la mise en relief des principaux éléments qui contribuent à assurer le succès de l'acquisition d'entreprises. Son contenu est largement basé sur une enquête récente que nous avons effectuée auprès d'experts en évaluation et en acquisition d'entreprises, gestionnaires et experts-comptables, qui possédaient de nombreuses années d'expérience en ce domaine. De plus, nous avons soigneusement analysé des dossiers d'acquisition d'entreprises, des transactions réelles, afin d'identifier les facteurs d'acquisition pris en compte par l'entreprise acheteuse et d'en évaluer l'importance. Aux résultats issus de cette recherche sont joints des graphiques ainsi que des exemples concrets tirés de transactions courantes [2] qui permettront d'illustrer et de compléter le texte.

---

2. Ces exemples ont été puisés dans les journaux suivants : *La Presse, Le Devoir, Le Journal de Montréal, Les Affaires,* ainsi que dans les revues *L'Actualité* et *Commerce.*

Soulignons que les résultats de cette enquête traduisent, somme toute, « la façon de voir et de faire » d'entreprises avisées et expérimentées. Ils ne reflètent pas nécessairement le point de vue général des acquéreurs ni ne décrivent la situation actuelle en matière d'acquisition d'entreprises.

Enfin, spécifions que, parmi les divers choix possibles pour traiter le sujet, nous avons retenu la perspective de l'acquéreur et la période qui précède la transaction et avons analysé le tout du point de vue de la gestion, dans l'optique de la prise de décision. Par conséquent, l'analyse critique du phénomène y est délibérément omise bien qu'elle puisse être d'un grand intérêt. Il en est de même de la prise en considération d'investissements à caractère strictement financier.

L'acquisition et la fusion d'entreprises constituent un domaine d'action et de réflexion qui revêt bien des complexités et présente de multiples points d'intérêts. Comme il est impossible de pouvoir tout couvrir dans un seul ouvrage, nous avons sélectionné quatre thèmes qui forment autant de parties, afin de traiter le sujet adéquatement.

C'est ainsi qu'une fois établis les notions de base et le cadre d'évaluation de l'entreprise, composant les première et deuxième parties, nous examinerons les facteurs généraux et les facteurs spécifiques d'acquisition considérés lors de l'examen de l'entreprise vendeuse, constituant les troisième et quatrième parties. De là, et à la suite d'une brève récapitulation, nous nous demanderons en conclusion : Comment situer l'acquisition ou la fusion d'entreprises en tant que moyens d'expansion ? Jusqu'à quel point l'entreprise doit-elle croître ? Comment se dessine la tendance des années à venir ?

Un sommaire schématique sert d'introduction à chacune des parties susmentionnées et en illustre le contenu. En annexe se trouve une bibliographie qui, en plus de fournir une abondante source d'informations, vient préciser les références données dans le texte.

La structure de l'ouvrage permettra aux lecteurs et lectrices de le lire de plusieurs façons. Ils pourront ainsi tracer un itinéraire de leur choix. Nous proposons à cet effet trois itinéraires destinés soit à un survol du sujet, soit à une lecture condensée, ou bien à une lecture en deux temps. On trouvera ces itinéraires à la suite de cette introduction [3].

---

3. Nous nous sommes inspirée du volume d'Hubert Reeves, *L'heure de s'enivrer. L'univers a-t-il un sens ?* Paris, Éditions du Seuil, p. 11 et 73.

La lecture du présent ouvrage pourra bénéficier à plusieurs catégories de lecteurs et lectrices :

- les gens d'entreprises peu expérimentés en matière d'acquisition y trouveront un guide de réflexion et d'action des plus utiles ; les gens d'entreprises plus expérimentés y puiseront certainement des idées nouvelles, notamment le modèle dynamique des facteurs d'acquisition ;

- les conseillers et conseillères auprès des entreprises y approfondiront leurs connaissances de l'acquisition et pourront mieux en saisir le dynamisme et la complexité ;

- les enseignants et enseignantes y apprécieront le matériel, à la fois théorique et pratique, mis à leur disposition ;

- les étudiants et étudiantes y puiseront des connaissances et y découvriront des sources d'intérêts ;

- enfin, les personnes intéressées aux questions économiques et se tenant au fait de l'actualité y trouveront des explications ou des réponses à leurs différentes interrogations.

En somme, cet ouvrage, issu de recherches constitue un outil d'information, de réflexion et d'action destiné à un public aux préoccupations diverses. Si celui-ci y trouve intérêt, nos efforts en seront récompensés au centuple.

Bonne lecture à chacun et à chacune d'entre vous !

Itinéraires de lecture [1]

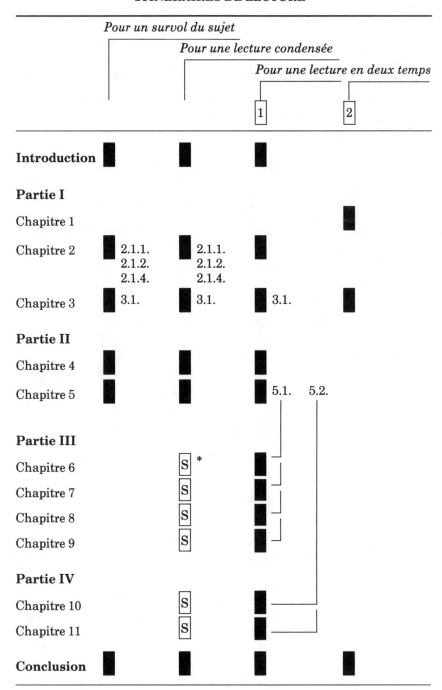

---

1. Voir à ce sujet l'introduction.
* Désigne le sommaire schématique du chapitre correspondant.

PREMIÈRE PARTIE

LES NOTIONS DE BASE

Sommaire schématique

LES NOTIONS DE BASE

CHAPITRE 1

LE CONTEXTE ÉCONOMIQUE

Comme on peut le constater, le phénomène d'acquisition et de fusion d'entreprises fait manifestement partie de notre quotidien. D'ailleurs, depuis nombre d'années, il est largement reconnu que les transactions d'acquisition et de fusion d'entreprises, de même que les offres publiques d'achat, font partie inhérente du contexte socio-économique.

Pour cerner ce phénomène, nous en décrirons tout d'abord l'importance quantitative et qualitative, puis nous nous pencherons sur le taux de réussite des transactions et sur les grands courants de pensée qui ont circulé au cours des dernières années.

Dans ce premier chapitre, nous attribuerons aux termes « acquisition » et « fusion » le sens « d'achat d'entreprises ». Ces termes seront définis et précisés dans le deuxième chapitre.

1.1. L'importance du phénomène

Bien que le phénomène d'acquisition et de fusion d'entreprises ne se manifeste pas linéairement mais plutôt par vagues, marquant des variations à la hausse ou à la baisse, il n'en demeure pas moins constamment présent. Le mouvement peut ralentir ou s'accentuer, mais il semble bien qu'il soit là pour demeurer (Dobrzynski, 1988 ; *Mergers & Acquisitions*, 1988, 1989) [1].

Il faudrait scruter une foule de cas pour expliquer les constantes variations des acquisitions et des fusions d'entreprises. Nous pouvons néanmoins avancer qu'en général ces variations tendent à suivre les mouvements de l'économie. Spécifions qu'il n'est pas dans notre objectif de présenter ici une étude statistique exhaustive. Nous voulons tout simplement porter à l'attention des lecteurs et des lectrices certaines données statistiques de base qui les aideront à mieux saisir la dynamique du phénomène.

Considérons donc la situation qui a prévalu au cours des dernières années aux États-Unis, au Canada et au Québec. Il est à noter que les transactions comprennent les acquisitions et les fusions d'entreprises et que ces données sont approximatives.

1.1.1. *Aux États-Unis*

Voyons les faits saillants qui ont marqué l'évolution du phénomène de l'acquisition aux États-Unis.

- En 1979, on a relevé 1 529 transactions d'une valeur de plus de 34 milliards (34 197,2) de dollars américains.

- En 1980, on a observé une légère augmentation du nombre de transactions ; 1 565 transactions ont été dénombrées pour un total de 32 milliards (32 958,9) de dollars américains.

- En 1981, on a noté une forte augmentation de 48,6 % des transactions, qui s'élevaient à 2 326 et nécessitaient des capitaux de plus de 67 milliards (67 263,6) de dollars américains.

- En 1982, on a remarqué une légère diminution : 2 286 transactions ont été conclues pour un total de plus de 60 milliards (60 398,4) de dollars américains.

- En 1983, le nombre de transactions a augmenté, mais leur valeur totale a chuté sensiblement : 2 387 transactions impliquant des capitaux de plus de 52 milliards (52 579,7) de dollars américains ont été rapportées.

- En 1984, il s'est produit une augmentation importante de 32,3 %, le nombre de transactions étant passé à 3 158 et les

---

1. Voir la bibliographie, à la fin du texte.

capitaux investis, à près de 126 milliards (125 986,3) de dollars américains.

- En 1985, une nouvelle augmentation de 8,6 % a porté le nombre de transactions à 3 428, pour une valeur totale de plus de 145 milliards (145 397,8) de dollars américains.

- En 1986, la hausse s'est poursuivie (26 %), portant le nombre de transactions à 4 323 et les capitaux à plus de 204 milliards (204 438,9) de dollars américains.

- En 1987, les transactions ont subi une diminution (14 %), ayant chuté à 3 700, pour un total de plus de 167 milliards (167 519,2) de dollars américains.

- En 1988, pour les trois premiers trimestres, on a rapporté 2 484 transactions dont le total s'élevait à plus de 137 milliards (137 662,6) de dollars américains. La valeur de 1 225 autres transactions n'avait pas été divulguée (*Mergers & Acquisitions*, mai-juin 1988 et janvier-février 1989).

Le tableau I indique l'évolution du nombre et de la valeur des transactions aux États-Unis.

TABLEAU I
Évolution des transactions aux États-Unis

	Variation du nombre de transactions	Valeur moyenne des transactions (en millions de dollars américains)
1978	(année de base)	
1979	+5,3	22,4
1980	+2,4	21,1
1981	+48,6	28,9
1982	-1,3	26,3
1983	+4,0	22,0
1984	+32,3	39,9
1985	+8,6	42,4
1986	+26,1	47,3
1987	-14,4	45,3
1988	—	55,4*

* Pour les trois premiers trimestres.

Source: *Mergers & Acquisitions*, mai-juin 1988 et janvier-février 1989. Traduction et adaptation de l'auteure (ROUSSEAU, 1989).

La lecture du tableau I illustre bien que le nombre de transactions fluctue constamment. On y constate que les fortes augmentations du nombre de transactions ont eu lieu en 1981, 1984 et 1986 *et* que les diminutions importantes se sont produites en 1982 et 1987.

La valeur moyenne des transactions peut être regroupée en trois paliers :

- de 1979 à 1983, elle se situe autour de 24 millions de dollars américains et est en deça des 30 millions de dollars américains ;

- de 1984 à 1987, elle fait un bond remarquable, atteignant plus de 44 millions ;

- si la tendance se maintient, 1988 aura marqué un nouveau seuil, puisque la valeur moyenne est de 55,4 millions pour les trois premiers trimestres.

Dans l'ensemble, on peut observer la constance du phénomène et prévoir, toutes choses égales d'ailleurs, qu'il puisse prendre de l'ampleur au cours des prochaines années, si les conditions économiques demeurent favorables.

1.1.2. *Au Canada*

Le tableau II présente le nombre de transactions survenues au cours des 10 dernières années, selon les données du *Registre des fusionnements* [2] (Bureau de la politique de concurrence, Consommation et corporations Canada).

Les données du tableau révèlent que le nombre de transactions varie d'une année à l'autre, comme il fallait s'y attendre. On observe que les augmentations les plus fortes du nombre de transactions se sont produites en 1981, 1982, 1985 et 1986 *et* qu'une importante baisse a marqué l'année 1980.

Pour ces mêmes années, comment s'est comporté, aux États-Unis, le mouvement des acquisitions et fusions ? On peut observer que, dans l'ensemble, le mouvement évolue semblablement, bien que les variations puissent se manifester avec une ampleur différente.

---

2. Ce registre est établi d'après les comptes rendus d'acquisitions publiés dans la presse financière et quotidienne, ainsi que dans les publications industrielles et commerciales. Il ne comprend pas le montant des transactions.

TABLEAU II

Évolution des transactions au Canada

	Nombre de transactions			Variation du nombre de transactions (en %)
	Sociétés étrangères*	Sociétés canadiennes**	Total	
1978	271	178	449	(année de base)
1979	307	204	511	+ 13,8
1980	234	180	414	– 19,0
1981	200	291	491	+ 18,6
1982	371	205	576	+ 17,3
1983	395	233	628	+ 9,0
1984	410	231	641	+ 2,1
1985	466	246	712	+ 11,1
1986	641	297	938	+ 31,7
1987	622	460	1 082	+ 15,4

* Acquisitions engageant une société d'appartenance ou sous contrôle étranger.
** Acquisitions engageant une société dont on ignore si elle est d'appartenance ou sous contrôle étranger.

Source : *Registre des fusionnements*, Bureau de la politique de concurrence, Consommation et Corporations Canada. Traduction et adaptation de l'auteure (ROUSSEAU, 1989).

La comparaison de l'évolution des transactions aux États-Unis et au Canada révèle que :

- En 1980, la baisse du nombre de transactions était plus marquée au Canada qu'aux États-Unis (au Canada : – 19 %, comparativement à + 13,8 % en 1979 ; aux États-Unis : + 2,4 %, comparativement à + 5,3 % en 1979).

- En 1981, l'augmentation du nombre de transactions était forte tant au Canada qu'aux États-Unis (au Canada : + 17,3 % et aux États-Unis : + 48,6 %).

- En 1982, le Canada enregistrait une hausse du nombre de transactions, tandis que les États-Unis connaissaient une baisse (au Canada : + 17,3 % et aux États-Unis : – 1,3 %).

- En 1985 et en 1986, les deux pays se caractérisaient par une augmentation du nombre de transactions, quoique d'une ampleur différente (au Canada : + 11,1 % comparativement à + 2,1 % en 1984 ; aux États-Unis : + 8,6 % comparativement à + 32,3 % en 1984).

1.1.3. *Au Québec*

De 1985 à 1986, comme le démontre le tableau III :

- le nombre de transactions est passé de 163 à 224, soit une augmentation de 37,4 %, la variation la plus forte au Canada ;
- le pourcentage, dans l'ensemble du Canada, a progressé de 15,6 à 18,7 % ;
- en 1986, les 224 transactions dénombrées au Québec représentaient 18,7 % des transactions canadiennes, comparativement à 635 en Ontario, soit 53 % de l'ensemble des transactions (1 198 au total).

TABLEAU III

**Évolution des transactions au Québec, en Ontario
et dans les provinces de l'Ouest**

	Nombre de transactions		Pourcentage dans l'ensemble du Canada		Variation du nombre de transactions (en %)
	1985	1986	1985	1986	
Ontario	576	635	55,3	53,0	+ 10,2
Provinces de l'Ouest	280	261	26,9	21,8	– 6,8
Québec	163	224	15,6	18,7	+ 37,4

Source : HARRIS-BENTLEY, 1986 et 1987. Traduction de l'auteure (ROUSSEAU, 1989).

On constate que les activités se partagent principalement entre l'Ontario pour une moitié, et le Québec et de même que les provinces de l'Ouest pour l'autre moitié environ.

Qui sont les acquéreurs ? Selon Harris-Bentley (1987), au Québec, en 1986, c'était, par ordre décroissant d'importance, les sociétés canadiennes (59,4 %), les sociétés américaines (25,4 %) et les sociétés européennes (12,1 %). En Ontario, pour la même année et dans le même ordre d'importance, c'était les sociétés américaines (41,3 %), les sociétés canadiennes (39,5 %) et les sociétés européennes (16,1 %).

Quels secteurs économiques sont les plus touchés par les activités d'acquisition et de fusion ? En 1986, on notait un intérêt marqué pour le secteur du commerce en gros et de la disstribution ainsi que pour le secteur des services financiers (Harris-Bentley, 1987).

1.2. Le taux de réussite des transactions

Quels ont été les résultats des transactions d'acquisition et de fusion d'entreprises ? Pour traiter ce sujet ainsi que le prochain, nous aborderons deux périodes, soit les années 1960 et 1970 d'une part, et les années 1980 d'autre part.

Il semble bien que les acquisitions et les fusions des années 1960 et 1970 aient produit d'amers résultats : 70 % de ces acquisitions se sont traduites par des échecs (Dobrzynski, 1988). On a pu constater qu'en de nombreux cas :

- le prix des actions des entreprises acheteuses avait chuté une fois les transactions conclues ;
- la valeur combinée des entreprises, acheteuse et acquise, avait baissé en deçà de la valeur respective de chacune d'elles avant la transaction, et ce, au cours des mois suivant la transaction ;
- la part du marché de l'entreprise acheteuse, reliée aux produits issus de l'acquisition, ainsi que ses bénéfices, avaient eu tendance à diminuer dans les années suivant la transaction.

Disons tout de suite que, depuis les années 1980, la situation semble s'améliorer, bien que les résultats n'incitent pas à l'euphorie. Ainsi, sur 100 transactions, en moyenne et selon des chiffres conservateurs :

- 50 se solderaient nettement par des échecs ;
- 25 aboutiraient à des demi-échecs, ou des demi-succès, en somme à des « opérations blanches » ;
- 25 se traduiraient par des succès.

1.3. Les grands courants de pensée

Qu'en est-il du comportement des entreprises et des idées qui avaient cours durant les années 1960 et 1970 et durant les années 1980 ?

1.3.1. *Dans les années 1960 et 1970*

Le moins que l'on puisse dire, c'est qu'on semble avoir su tirer quelques leçons du passé. À l'époque, deux « grandes convictions » semblaient avoir cours (Dobrzynski, 1988). On pensait, et il y a tout lieu de croire que certains le pensent encore, que l'on pouvait tout diriger en s'appuyant sur des données quantitatives et financières (*to manage by the numbers*). Les gestionnaires habiles savaient « faire parler les chiffres » et y déceler, prétendaient-ils, les difficultés pouvant nécessiter des redressements. À cette même époque, on croyait aussi qu'il était nécessaire, pour ne pas dire obligatoire, d'opter pour la diversification. Celle-ci semblait la voie à suivre pour contrebalancer le cycle des affaires et pour éviter les problèmes qu'auraient pu causer les règles antimonopolistiques, ou antitrust.

1.3.2. *Dans les années 1980*

Mais qu'en est-il depuis les années 1980 ? D'une part, on s'est rendu compte que les seules habiletés financières, qui demeurent essentielles, ne suffisent pas. Les gestionnaires doivent en plus posséder un ensemble d'habiletés de gestion et connaître suffisamment le domaine de gestion dans lequel ils ou elles doivent agir. Et la diversification alors, qu'en advient-il ? Cette considération semble devenue une exception à la règle. Actuellement, les acquéreurs auraient plutôt tendance à se diriger vers des créneaux commerciaux, soit dans le même domaine, soit dans un domaine connexe ; on éviterait ainsi de « faire un saut dans le vide », c'est-à-dire d'entrer dans un domaine que l'on ne connaît pas suffisamment.

Une autre tendance du comportement des entreprises acheteuses se dessine. Celles-ci procèdent généralement à la restructuration des entreprises acquises et à la rationalisation de leurs activités ; elles revendent les actifs estimés non rentables et se départissent des activités jugées improductives. Il est intéressant de relever que, ce faisant, les entreprises acheteuses adoptent les comportements des « chasseurs d'entreprises », ces investisseurs à intérêts strictement financiers (*corporate raiders*). Elles délaissent donc leur habitude de traiter l'entreprise acquise comme une entité et de la conserver comme telle. En somme, il est courant que des transactions de désinvestissement suivent l'investissement. Ainsi, en 1986, aux États-Unis, 75 % des entreprises ayant effectué des acquisitions de plus de 100 millions de dollars américains se sont départies d'actifs au cours de l'année suivant la transaction. Dans les années antérieures, environ 20 % des entreprises procédaient à des désinvestissements (*Rapport McKinsey*, 1987).

On observe que des entreprises adoptent même des attitudes hostiles dans leur prise de contrôle. Mentionnons, par exemple, les cas d'Eastman Kodak lors de l'acquisition de Sterling Drug, de Black & Decker lors de l'acquisition d'American Standard, et de Générale Électrique lors de l'acquisition de Roper (*Business Week*, 21 mars 1988). Il y a quelques années, une telle stratégie aurait été inconcevable et encore plus mal prisée qu'elle ne l'est à l'heure actuelle.

En somme, les acquéreurs semblent vouloir miser sur leurs connaissances et expériences (leur « expertise »). De plus, ils disposent maintenant de meilleures méthodes pour repérer et analyser les entreprises cibles potentielles et pour procéder à l'examen de l'entreprise cible retenue ou, autrement dit, de l'entreprise vendeuse.

CHAPITRE 2

LES DÉFINITIONS DE BASE

Nombre de fois, nous avons pu noter l'emploi indifférencié des termes acquisition, fusion, offre publique d'achat, et ce, aussi bien chez les gens d'affaires que chez les auteurs et auteures d'ouvrages spécialisés. Aussi, nous semble-il tout à fait approprié de préciser la signification de ces termes et d'expliquer les raisons de cette confusion.

De même, nous paraît-il utile de préciser le sens des termes reliés aux modalités financières de la transaction, soit paiement et financement.

Ce faisant, nous croyons que les définitions de base exposées dans ce chapitre-ci permettront aux lecteurs et aux lectrices de bien saisir le sens et la portée du phénomène à l'étude.

2.1. La signification des principaux termes

Quelles sont les parties intervenantes dans la transaction d'acquisition d'entreprises ? Que signifient acquisition et fusion, et comment différencier l'une de l'autre ? Qu'entend-on par offre publique d'achat (OPA) ? Quelles sont les principales ripostes opposables à l'OPA ? Telles sont les questions soulevées régulièrement et auxquelles nos définitions de base apporteront une réponse, si ce n'est complète, à tout le moins satisfaisante.

2.1.1. *Les parties intervenantes*

Dans le domaine de l'acquisition d'entreprises, comme dans bien d'autres, il existe plusieurs façons de désigner les choses. À cet égard, nous avons fait des choix ; ils ne sont pas absolus, mais ils sont néanmoins valables. C'est notre souci de préciser ces termes qui justifie le présent exposé.

Les personnes non familières avec le domaine y trouveront probablement un plus grand profit que les autres. Néanmoins, tous et toutes peuvent avoir intérêt à prendre connaissance des termes retenus et de leur signification.

Le tableau IV illustre ces divers éléments et leurs interactions. On y trouvera également les définitions nécessaires à la compréhension du tableau. Nous vous invitons à consulter ce tableau au fur et à mesure de la lecture du texte qui le suit, car il lui sert en quelque sorte de support.

TABLEAU **IV**

Parties intervenantes et leurs interactions

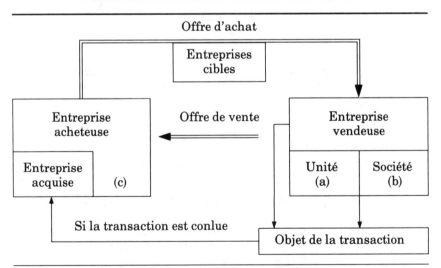

(a) Unité signifie une entité administrative ou technique qui appartient à l'entreprise vendeuse.
(b) Société désigne une entité juridique qui appartient à l'entreprise vendeuse.
(c) Entreprise acquise constitue une unité ou une société achetée par l'entreprise acheteuse.

Source : Rousseau, 1987.

En matière d'acquisition d'entreprises, deux parties négocient afin de conclure une entente : l'entreprise acheteuse et l'entreprise vendeuse. En somme, il s'agit des deux parties contractantes. En général, l'entreprise acheteuse est celle qui présente l'offre d'achat, c'est-à-dire une proposition, formelle ou informelle, faite à qui de droit en vue d'acquérir une entreprise. Les entreprises identifiées par l'entreprise acheteuse comme pouvant faire l'objet d'une offre éventuelle d'achat sont désignées par l'expression courante d'entreprises cibles. C'est parmi celles-ci que l'entreprise acheteuse choisit l'entreprise vendeuse. Inversement, l'initiative peut venir de l'entreprise vendeuse ; l'entreprise acheteuse reçoit alors une offre de vente.

L'offre d'achat (ou de vente) peut toucher diverses situations : ou bien c'est l'entreprise vendeuse elle-même qui fait l'objet de l'offre ; ou bien c'est une ou plusieurs unités administratives ou techniques de l'entreprise ; ou encore c'est une ou plusieurs sociétés dépendantes de l'entreprise vendeuse qui en font l'objet (Sylvain, 1982). Si la transaction est conclue, l'entreprise vendeuse, ou l'unité administrative ou la société dépendante, devient une unité ou une société dépendante de l'entreprise acheteuse. Pour désigner ces dernières, on utilise couramment l'expression « entreprise acquise ».

Généralement, les unités administratives ou techniques et les sociétés dépendantes ne sont pas des parties intervenantes, et ce, même si la société dépendante constitue une entité juridique. Il est essentiel que l'entreprise intervenante ait le statut juridique qui lui confère le droit de contracter en matière d'acquisition (Viel *et al.*, 1971). Il arrive qu'une acquisition se fasse par l'entremise d'une filiale. Ainsi :

- SNC a acquis, par l'entremise de sa filiale Reprotech, l'imprimerie Ray Litho (en 1987).

- Transcontinental GTC a acquis, par l'entremise de sa filiale Publications Les Affaires, une participation dans Sodema, spécialisée en télémarketing, en sondages de marché et en représentation commerciale.

2.1.2. *L'acquisition et la fusion (A & F)*

L'acquisition et la fusion sont toutes deux des opérations financières qui visent à regrouper des entreprises distinctes en une seule entité économique. Ce sont deux formes de regroupement d'entreprises (Sylvain, 1982 ; Institut canadien des comptables agréés, 1988).

Dans le cas de l'acquisition, une entreprise veut s'assurer le droit d'exercer un contrôle sur une autre entreprise, qu'il s'agisse d'une entreprise individuelle, d'une société de personnes ou d'une société par actions (compagnie) en acquérant la totalité ou une partie du capital social de cette dernière. D'où les expressions « prise de participation » et « prise de contrôle » qui revêtent la même signification. Par la suite, l'acquéreur peut intégrer, à des degrés divers, l'entreprise acquise à ses activités, compte tenu du niveau de contrôle détenu et des objectifs de gestion poursuivis.

Dans le cas de la fusion, deux ou plusieurs entreprises veulent réunir leur patrimoine, mettre en commun leurs activités et former une nouvelle société, sur une base égalitaire ou proportionnelle.

Le tableau V illustre ces deux formes de regroupement.

TABLEAU V

Formes de regroupement

Acquisition	Entreprise A + Entreprise B	=	Entreprise A (incluant B)
Fusion	Entreprise A + Entreprise B	=	Entreprise C (où A et B sont des partenaires relativement égaux)

Source : Rousseau, 1989.

Voyons maintenant des exemples :

- Le Groupe SNC inc., fondé en 1911, était à l'origine un bureau d'ingénieurs-conseils né de la fusion de Surveyer, Nenniger & Chênevert. Par la suite, SNC s'est développée, notamment par le moyen d'acquisitions d'entreprises dont Les Arsenaux Canadiens ltée et Les Industries Valcartier inc. (participations à 100%). SNC est maintenant l'une des plus grandes firmes d'ingénieurs-constructeurs au Canada, un fabricant de produits de défense nationale et un promoteur et exploitant de nouveaux projets en commandite. Elle n'a pas conservé toutes ses acquisitions : par exemple, elle s'est départie de Robertson Research. En bref, SNC est née d'une fusion et s'est ensuite particulièrement développée par des acquisitions : elle a néanmoins eu recours à des désinvestissements lorsque les objectifs visés n'étaient pas atteints d'une façon satisfaisante.

- De même, Multi-Marques, spécialisée dans le secteur de la boulangerie, est issue de la fusion du Groupe Samson et d'Unipain. Depuis, Multi-Marques a pris de l'expansion en réalisant nombre d'acquisitions, dont boulangerie POM. Multi-Marques est ainsi devenue la quinzième boulangerie en importance en Amérique du Nord, détenant 48 % du marché du pain et 60 % du marché de la boulangerie commerciale au Québec.

- À l'opposé, on sait fort bien que la fusion de Bridgestone et de Firestone, fabricants de pneus, n'est pas une « vraie » fusion (en avril 1988). Il s'agirait plutôt de l'acquisition Firestone par Bridgestone.

2.1.3. *La différenciation entre acquisition et fusion*

De prime abord, la transaction est présumée être une acquisition, et la fusion, une exception à cette règle (Byrd, 1980 ; Sylvain, 1982).

L'examen des faits révèle la « vraie nature » de la transaction et indique si une entreprise domine effectivement l'autre. Si tel est le cas, il s'agit, de fait, d'une acquisition. Le pourcentage des actions donnant le droit de vote et d'autres éléments tels que la composition du conseil d'administration, la participation active à la gestion de l'entreprise et aux fiducies dont les membres ont droit de vote, conduisent à l'identification de l'entreprise dominante, ou acheteuse.

Pour illustrer ces propos, examinons quelques transactions.

- Rappelons d'abord trois transactions récentes impliquant des firmes de comptables agréés : celle de Poissant Richard-Thorne Riddell et Ernst & Whinney (en août 1986), celle de Samson Bélair et Deloitte Haskins (en septembre 1987) et celle de Caron Bélanger, Clarkson Gordon et Adam, Authier, Boyer et Associés (en avril 1988). Dans les deux premiers cas, la représentation égalitaire ou proportionnelle au sein d'une nouvelle entité milite en faveur de la fusion. Par contre, dans le troisième cas, il y a lieu de présumer qu'il s'agit plutôt d'une acquisition.

- La fusion, en 1982, des firmes d'assurances Les Artisans et Les Coopérants, était-elle une « vraie » fusion ? Tout porte à croire que, de fait, il s'agissait plutôt d'une acquisition où domine Les Coopérants.

- On se souvient sûrement de la fusion, véritable et combien douloureuse, de la Banque Provinciale et de la Banque Canadienne Nationale, qui a donné lieu à la Banque Nationale.

Dès lors on se pose inévitablement la question de savoir ce qui pousse à « nommer » fusion ce qui est, en fait, une acquisition. Étant donné que l'influence et le pouvoir (effectivement exercés) déterminent davantage la position réciproque des deux entreprises qu'un contrat juridique, on peut penser que les règles du jeu ne sont que « partiellement » établies au moment de la transaction. Par conséquent, au premier chef, il est concevable que l'on puisse utiliser le terme fusion pour désigner la transaction.

Un auteur (Majaro, dans Barrett, 1973) fournit une autre explication au fait que les gestionnaires utilisent indifféremment les termes fusion et acquisition. Selon lui, ce sont les valeurs sociales qui incitent les entreprises à opter pour la fusion, à titre de forme de regroupement. Plus précisément, la manifestation de la domination ou de l'intention de dominer viendrait à l'encontre de l'approche égalitaire visée par la société en général : d'où l'utilisation par les gens d'affaires des termes fusion et acquisition, d'une façon interchangeable. Il est possible que l'image corporative et les valeurs sociales puissent interférer dans la désignation de la transaction, mais il n'en demeure pas moins qu'il s'agit d'un sujet complexe, méritant d'être étudié plus à fond avant que l'on puisse se prononcer. Enfin, on peut avancer que l'emploi indifférencié des termes acquisition et fusion peut découler d'une habitude qui s'est instaurée au fil des ans.

Par ailleurs, il nous paraît intéressant de souligner que la comptabilisation de la transaction traduit, à juste titre, son aspect économique. Ainsi, c'est uniquement dans les transactions où l'on ne peut identifier « l'entreprise acheteuse », que le regroupement d'entreprises est considéré comme une fusion véritable, dans la forme et dans les faits. La méthode appropriée de comptabilisation est alors celle de la fusion d'intérêts communs. Dans tous les autres cas, les transactions sont considérées et traitées comme des acquisitions. La méthode de comptabilisation dite de l'achat pur et simple s'y applique.

En résumé, l'acquisition est une transaction courante, et la fusion constitue une exception à cette règle. Cela dit, notre choix de privilégier l'acquisition dans nos propos permet de couvrir largement le phénomène du regroupement d'entreprises, vu la primauté de l'acquisition sur la fusion.

2.1.4. *L'offre publique d'achat (OPA)*

L'OPA représente une forme d'acquisition d'entreprises. Comme son nom l'indique, sa particularité vient de ce que l'offre d'achat d'actions se fait publiquement plutôt que privément.

Le scénario de l'OPA se déroule comme suit : une entreprise désire acquérir le contrôle d'une autre entreprise ou renforcer le contrôle qu'elle y exerce déjà ; pour ce faire, elle présente publiquement aux actionnaires concernés une proposition d'achat d'un certain nombre d'actions, valable pour une période donnée au terme de laquelle généralement le nombre visé d'actions doit être atteint ; sinon, l'offre devient caduque. De telles offres paraissent régulièrement dans les journaux.

L'OPA se fait avec ou sans l'accord des gestionnaires, lesquels peuvent être aussi des actionnaires ou des groupes d'actionnaires de l'entreprise visée par la proposition. On parlera dans le premier cas d'une prise de contrôle amicale et dans l'autre, d'une prise de contrôle forcée.

Dernièrement, la revue *Forbes* consacrait une page frontispice à la compagnie Générale Électrique. On y voyait un requin, portant l'emblème de l'entreprise GE, qui poursuivait un petit poisson à l'air effrayé pour le dévorer, le gober. La caricature était accompagnée d'un texte à l'avenant : « Qui sera la prochaine proie de la Générale Éclectique (sic) » (traduction libre de « What will "General Eclectic" eat next », *Forbes*, 23 mars 1987).

En ce qui concerne l'OPA, on peut se poser une question : Pourquoi présenter une offre publique d'achat d'actions ? En fait, les motifs peuvent être nombreux, mais les plus courants sont les suivants :

- les actionnaires minoritaires sont nombreux et dispersés ;
- un groupe ou des groupes d'actionnaires refusent de céder un bloc d'actions, à la suite d'une offre privée ;
- les gestionnaires, dirigeants et cadres, de l'entreprise visée par l'offre « résistent » à l'acquisition de «leur» entreprise.

L'OPA peut aussi provenir de l'entreprise vendeuse elle-même, laquelle veut alors éveiller l'attention et même susciter la convoitise des « autres » acquéreurs potentiels afin de les forcer à se déclarer et à présenter des offres. Soulignons, par exemple, le cas Steinberg. Au lieu de présenter une ou des offres de vente, les sœurs Steinberg ont annoncé leur intention de vendre le secteur de l'alimentation. C'était, somme toute, une façon de susciter des offres d'achat et, peut-être, d'en arriver à savoir combien pouvait valoir ce secteur d'activités, ce qui, soit dit en passant, n'était pas évident.

Généralement, le prix offert est supérieur au cours de l'action cotée en bourse. Par suite d'une surenchère, la sous-enchère ne se voit guère, le prix de l'action peut faire des bonds de géants pour atteindre des sommets vertigineux et, semble-t-il, sans commune mesure avec la « valeur réelle » de l'entreprise. Il y aurait sûrement lieu d'étudier de plus près ce phénomène et ses répercussions socio-économiques.

Il va sans dire que l'OPA s'inscrit dans une dynamique (pour ne pas dire une dynamite) particulière. En somme, négocier sur la place publique éveille des convoitises et provoque souvent des remous, surtout dans le cas d'une OPA hostile.

2.1.5. *Les ripostes à l'OPA*

Les tentatives de prise de contrôle forcée reçoivent très mauvaise presse. Dans nombre d'écrits, on dénonce littéralement ce mode d'approche et l'on propose des ripostes. Parmi les tactiques employées, mentionnons :

- la pilule empoisonnée (*poison pill*), soit l'utilisation de manœuvres juridiques afin de contrer la prise de contrôle ;
- la diète engraissante (*fat man*), c'est-à-dire l'achat, par la « proie » éventuelle, d'une entreprise criblée de dettes afin de décourager l'acquéreur qui se manifeste ;
- la chasse aux requins (*shark repellants*), soit le déploiement d'un ensemble de mesures répulsives afin d'éloigner les éventuels acquéreurs ;
- le parachute doré (*golden parachute*), c'est-à-dire de fortes indemnités de départ consenties aux gestionnaires.

Ajoutons à ces stratégies, la restructuration du capital, la vente à une entreprise amie et la technique du levier :

- par la transformation en dettes d'une grande partie des capitaux propres de l'entreprise, la restructuration du capital vise à décourager les investisseurs en les empêchant de financer l'acquisition en misant sur les actifs de l'entreprise éventuellement acquise ; la distribution d'importants dividendes aux actionnaires au moyen d'emprunts garantis par les actifs renforce la défensive ;

- dans le langage courant, l'expression chevalier blanc (*white knight*) désigne l'entreprise acheteuse choisie par la direction de l'entreprise vendeuse qui veut ainsi éviter l'acquisition de celle-ci par une entreprise qui n'est pas la bienvenue et que l'on nomme « chevalier noir » (*black knight*). (L'initiative d'une importante banque internationale d'affaires, Lazard Frères (en 1987), de constituer un fonds nommé Crossroads Partners, dans le but de prévenir des OPA hostiles en concentrant des actifs dans des mains amicales, s'inscrit nettement dans cette perspective.) ;

- la technique du levier (*leverage buyout*, LBO) constitue le financement d'une acquisition au moyen d'emprunts garantis à même les actifs et les bénéfices futurs de l'entreprise acquise, minimisant ainsi la mise de fonds requise (LBO, Special Section, *Mergers & Acquisitions*, 1988 ; Newport, 1989).

Les exemples suivants serviront justement à illustrer ces propos.

- Tout d'abord, rappelons la tentative de prise de contrôle forcée de Hiram Walker Resources Ltd par les frères Reichman (en avril 1986). Pour éviter une mainmise, la direction d'Hiram Walker a précipitamment vendu ses actifs dans le secteur des alcools à une compagnie britannique avec laquelle elle entretenait des relations d'affaires, Allied Lyons, faisant ici office de « chevalier blanc ».

- Bien que ce cas n'ait pas atteint le même éclat que le précédent, soulignons aussi la résistance de Datagram à l'offre d'achat d'un groupe d'actionnaires dirigé par un fondateur et ex-membre du conseil d'administration de l'entreprise (en mars 1988). Il semble bien que Memotec ait servi de « chevalier blanc » afin d'éviter la prise de contrôle par le groupe d'actionnaires.

- Dans certains cas, la Commission des valeurs mobilières (CVM) peut intervenir au nom des actionnaires minoritaires qui se sentent lésés dans leurs droits. Par exemple, à la suite de l'offre fort controversée de CTC Dealer pour l'acquisition de Canadian Tire Corp. (en décembre 1986), les CVM du Québec et de l'Ontario sont intervenues conjointement et ont annulé l'offre qui aurait laissé pour compte les actionnaires minoritaires.

• Investissements Canada et le Bureau de surveillance de la politique de concurrence ont opposé un refus à l'acquisition de Weston (Canada) par Nabisco Brands, à cause de la grande concentration économique qu'aurait entraînée cette transaction. C'est ainsi que Culinar en est venue à partager Weston avec Nabisco, achetant la grande partie des marques de commerce de biscuits, craquelins et bonbons.

• L'entreprise vendeuse elle-même peut se porter garante des droits de ses actionnaires. Ainsi, la direction de Lévesque Beaubien, une maison de courtage, a tenu à rassurer les actionnaires au moment où il était question de l'acquisition éventuelle de l'entreprise. On a déclaré que tout acheteur éventuel devrait présenter une offre aussi bien aux détenteurs d'actions de classe A qu'à ceux de classe B (ces actions donnant 20 droits de vote par action au lieu d'un seul droit de vote).

• En annonçant son intention de vendre ses actions — 50,5 % des actions de classe A avec droit de vote —, le président de Laidlaw Transportation suscitait de ce fait des offres d'achat. Il avait d'ailleurs confié à une firme le mandat de recevoir les offres et de conseiller les parties. Le président a alors exprimé le souhait qu'une offre d'achat éventuelle s'adresse à tous les actionnaires et comporte une prime par rapport à la valeur au marché des différentes classes d'actions.

Les gestionnaires d'une entreprise peuvent aussi s'en porter acquéreurs, et ce, généralement dans trois situations : soit tout simplement lors d'une transaction « ordinaire » où l'acquisition se négocie privément entre les gestionnaires et les « propriétaires » ; soit lors d'une tactique de défense pour contrer une prise de contrôle estimée malveillante, ou encore lors d'une mesure préventive par rapport à une offre éventuelle que l'on pressent éminente. L'acquisition d'une entreprise par ses gestionnaires, soit le rachat adossé, est couramment désignée par le sigle MBO (*management buyout*) (Wallner, 1979, 1980 ; Wallner et Terrence, 1984).

La technique du levier peut être utilisée lors de la prise de contrôle par les gestionnaires ou par les « initiés », c'est-à-dire par les gens au courant des affaires de l'entreprise, soit les conseillers, les bâilleurs de fonds et autres. L'expression *insider buyout* désigne pareille situation.

Rappelons que, dans le contexte présent, il sera exclusivement question de l'acquisition basée sur le consentement mutuel des deux parties intervenantes. L'entreprise acheteuse présente une offre d'acquisition à une entreprise (ou reçoit une offre de vente) et l'on s'entend pour négocier en privé. D'ailleurs, nombre de transactions se font de cette manière.

2.2. Les modalités financières de la transaction

Les modalités financières portent essentiellement sur deux aspects : le mode de paiement et le mode de financement. Le premier intéresse les deux parties contractantes ; le deuxième, par contre, est du ressort de l'acquéreur. De toute évidence, les modalités financières sont importantes en soi : l'acquisition d'une entreprise est une transaction qui nécessite d'importants capitaux.

En pratique, il peut arriver que le mode de paiement et les moyens de financement ne soient pas totalement étrangers l'un à l'autre : en effet, évaluation et paiement ne constitue pas des problèmes purement consécutifs, il existe un certain rapport entre eux (Couvreur, 1978). Cependant, gardons en mémoire que l'investissement, l'évaluation, le paiement et le financement demeurent fondamentalement des éléments distincts (Ferrara, 1966). Ce principe posé, examinons les principaux aspects du paiement et du financement qui interviennent dans l'acquisition.

2.2.1. *Le paiement*

Sous quelle forme se fera le paiement, en argent ou en titres ? Sur quelle période de temps sera-t-il étalé ? Ces questions, et surtout les réponses à ces questions, sont d'un intérêt certain pour les parties intervenantes (Bradley et Korn, 1981 ; Drayton *et al.*, 1965 ; Morin et Chippindale, 1970 ; Parsons et Baumgartner, 1970). Il ne semble pas exister de relations évidentes entre le mode de paiement et le succès ou l'échec de la négociation (Kitching, 1973). Jusqu'à présent, peu d'auteurs de recherches empiriques se sont penchés sur la question du « meilleur » mode de paiement (Kusewitt, 1985).

Le prix d'acquisition peut aussi être basé, en partie, sur les résultats futurs prévus de l'entreprise acquise (*payout*) et peut inciter celle-ci à obtenir les meilleurs résultats possibles. Cependant, cette formule ne présente pas que des avantages : le paiement au prorata des bénéfices peut inciter les gestionnaires à maximiser les bénéfices à court terme au détriment du développement à long terme de l'entreprise (Mace et Montgomery, 1962 ; Rappaport, 1978) ; l'entreprise acheteuse peut alors se retrouver dépourvue de moyens d'agir avant la période prévue de paiement, son pouvoir d'intervention étant limité par les clauses du contrat d'acquisition.

2.2.2. *Le financement*

Il existe de nombreuses façons de financer une acquisition d'entreprises, outre le recours à des moyens usuels tels les emprunts bancaires ou hypothécaires, les émissions d'actions et autres (Harvey et Newgarden, 1969 ; Parsons et Baumgartner, 1970 ; Wallner et Terrence, 1984). Par exemple, l'accès à des fonds de l'entreprise acquise et les transactions de désinvestissement peuvent constituer des sources importantes de financement.

D'une part, l'entreprise acquise qui présente un surplus de fonds peut elle-même procurer des sources de fonds qui serviront à financer l'acquisition en question ou d'autres acquisitions. D'autre part, les transactions de désinvestissement peuvent aussi procurer du financement : mentionnons la vente d'actifs, la vente de secteurs d'activités, de divisions, de services et autres appartenant à l'entreprise acquise.

CHAPITRE 3

LE PROCESSUS GÉNÉRAL D'ACQUISITION

Connaître et maîtriser le processus général d'acquisition : voilà l'une des clés du succès de l'acquisition. Sans aucun doute, c'est la façon la plus efficace, la plus sûre d'entreprendre des activités d'acquisition.

Depuis plusieurs années, des études associent la planification au succès des transactions et, inversement, révèlent que l'absence ou le manque de planification est une cause d'échec (Achtmeyer et Daniell, 1988 ; Ansoff *et al.*, 1971 ; Kitching, 1967). Récemment, une étude de la firme américaine McKinsey (*Rapport McKinsey*, 1987) en arrivait à la même conclusion.

Aussi convient-il, une fois précisés le contexte économique et les définitions de base, que nous traitions du processus général d'acquisition. Quel en est le déroulement ? Quelles en sont les principales activités ? Quels sont les points majeurs qui retiennent particulièrement l'attention de l'entreprise acheteuse ?

3.1. Le déroulement du processus général d'acquisition

La décision d'acquisition s'inscrit dans un processus général, c'est-à-dire dans un ensemble d'événements, d'études, de décisions qui se déroulent dans le temps et qui concourent à la décision ultime :

« acquérir ou ne pas acquérir ». Il s'agit d'un processus dynamique, itératif, qui comprend des actions et des rétroactions, des mécanismes d'ajustement ; il n'a rien, ou si peu, d'un mécanisme statique ou linéaire. Il nécessite un grand nombre de considérations et comprend, il faut bien le dire, beaucoup d'hésitations (Couvreur, 1978).

Dans la rédaction d'un écrit, on a un choix à faire : rendre compte du processus dans sa complexité, ou le simplifier. Par souci de clarté, nous avons choisi de simplifier le processus, de l'épurer des détails et de mettre l'accent sur l'enchaînement logique des étapes. Aussi ce « discours linéaire » demeure-t-il en deçà de la réalité : il ne traduit pas toute l'effervescence du processus. Par contre, il peut suffire pour exposer les principaux éléments du processus et servir de base à la discussion.

Nous avons regroupé les principales activités du processus général d'acquisition autour de quatre phases : la phase stratégique, la phase tactique, la phase de réalisation et la phase d'évaluation critique, lesquels sont illustrées au tableau VI et précisées dans le texte ci-dessous. Les activités des phases du processus général d'acquisition sont présentées, plus en détail, à l'article 3.2. ci-après. Pour l'instant, seules les grandes lignes en sont indiquées, en un tour d'horizon.

La phase stratégique.   À cette étape, on considère d'abord les données de l'environnement externe, on identifie les objectifs de l'entreprise acheteuse et l'on établit le diagnostic (forces et faiblesses) de celle-ci. De l'examen de ces éléments découlent le plan stratégique global, puis le plan d'acquisition qui servira de guide pour la sélection d'entreprises cibles.

La phase tactique.   On procède ensuite à la sélection d'entreprises cibles et, parallèlement, à l'évaluation de l'une de ces entreprises, ainsi qu'à la négociation en vue de son acquisition.

La phase de réalisation.   Cette phase comprend deux aspects successifs : l'entente entre les parties contractantes, selon ce qui est convenu entre elles, et l'intégration de l'entreprise acquise, selon ce qui est prévu à cet effet par l'entreprise acheteuse.

La phase d'évaluation critique.   Cette phase termine le processus général d'acquisition. Selon l'examen des résultats dans leur ensemble, on peut conclure au succès ou à l'échec de l'acquisition. L'entreprise acheteuse se demande si l'entreprise acquise doit être conservée ou non, en somme s'il valait vraiment la peine de l'acquérir et ce, notamment en regard du plan d'acquisition.

TABLEAU VI

Processus général d'acquisition

Phase stratégique

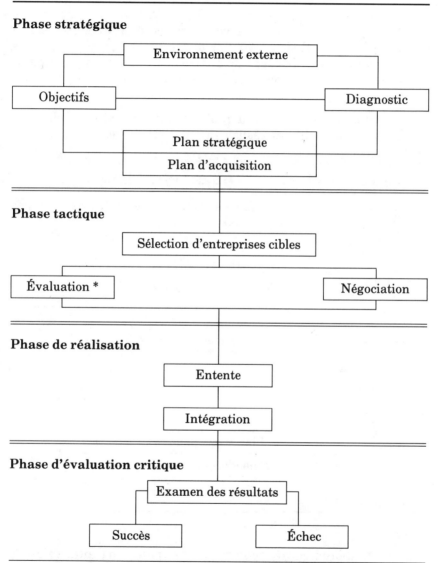

Phase tactique

Phase de réalisation

Phase d'évaluation critique

* Les deuxième, troisième et quatrième parties du volume traitent de l'évaluation de l'entreprise.
Source : ROUSSEAU, 1987. Adaptation de COUVREUR, 1978 ; HOVERS, 1973 ; PÈNE, 1979.

Rétroactivement, l'entreprise acheteuse revoit la phase stratégique. La boucle se trouve ainsi complétée par ce retour au point de départ du processus général d'acquisition.

Soulignons que les activités réalisables au cours des phases du processus général d'acquisition sont fort nombreuses et diverses. Il serait donc peu réaliste de vouloir tout couvrir sur ce sujet ; nous croyons sans doute plus sage de mettre l'accent sur les principales activités, de façon à attirer l'attention des lecteurs et des lectrices sur l'essentiel.

Voyons, maintenant, le déroulement des activités de chacune des quatre phases du processus général d'acquisition.

3.2. Les activités de la phase stratégique

Le plan d'acquisition se situe au cœur des activités de la phase stratégique, laquelle est schématisée au tableau VII.

TABLEAU VII

Phase stratégique

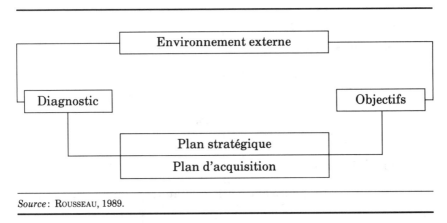

Source : Rousseau, 1989.

Nous aborderons les activités de cette phase en traitant d'abord du plan stratégique et du plan d'acquisition, puis de l'environnement externe, du diagnostic et des objectifs de l'acquisition.

3.2.1. *Le plan stratégique*
et le plan d'acquisition

D'entrée en matière, nous insistons sur le fait qu'une décision aussi cruciale que celle de l'acquisition d'une entreprise ne saurait être prise sans qu'on dispose d'un cadre de référence général; elle ne devrait donc pas être une action isolée, posée au hasard des circonstances. Bien au contraire, cette décision devrait faire partie d'un plan stratégique guidant les étapes de la croissance de l'entreprise. Le plan d'acquisition constitue, en quelque sorte, le prolongement du plan stratégique en ce qui a trait à la réalisation des objectifs de croissance externe, par le moyen d'acquisition. On ne saurait trop insister: l'acquisition est un moyen de développement et non pas une fin en soi.

En ce qui a trait aux ressources mobilisées par toute cette planification, interrogeons-nous sur la « valeur » du plan d'acquisition. En somme, le plan d'acquisition est-il nécessaire pour assurer le succès de cette opération financière ? Jusqu'à quel point l'entreprise acheteuse doit-elle suivre ce plan ? Mentionnons qu'en matière d'acquisition, tout comme en planification stratégique, il existe deux types d'approche: faut-il agir ou réagir ? (Kitching, 1967; Short, 1967; Giroire, 1985)

La nécessité d'établir un plan d'acquisition issu du plan stratégique ne fait généralement pas de doute. Sans ce plan, la réussite de l'acquisition demeure possible, mais les chances d'y parvenir sont moindres.

Bien que l'entreprise acheteuse puisse prendre une certaine latitude à l'égard du plan, il n'en demeure pas moins que plus elle s'en éloigne ou le modifie, plus elle risque d'encourir des problèmes sérieux et même un échec. La planification est largement reconnue comme un facteur clé du succès d'une acquisition (Mace et Montgomery, 1962; Linowes, 1968; Leighton et Tod, 1969; Wyatt et Kieso, 1969; Harvey et Newgarden, 1970; Slater, 1972; Le Goc, 1976; Bradley et Korn, 1981; de Woot *et al.*, 1984; Kusewitt, 1985).

Et les « occasions rares », doit-on les refuser ? Chose certaine, il convient alors d'agir avec circonspection et discernement et de garder à l'esprit que les « aubaines du siècle » ou les « chances à ne pas manquer » sont justement rares, et même rarissimes. Ordinairement, il s'agit de tentations qui guettent surtout les entreprises peu expérimentées en matière d'acquisition. L'un des mérites, et non le moindre, du plan d'acquisition, c'est de ramener l'entreprise au

« principe de la réalité ». Sans ce plan, certains projets d'acquisition peuvent être trop ambitieux, eu égard à la qualité et à la quantité de gestionnaires et de capitaux disponibles (Alberts et Segall, 1974).

Le contenu du plan d'acquisition, comme celui du plan straté-gique, s'élabore à partir de trois éléments : les données de l'environ-nement externe, les objectifs de l'entreprise acheteuse et son autodiagnostic.

3.2.2. *L'environnement externe*

En somme, le plan stratégique de l'entreprise représente une « inter-face » entre l'environnement externe et l'entreprise acheteuse. Il énonce les objectifs à atteindre, à plus ou moins long terme, ainsi que les moyens retenus pour réaliser ces objectifs, compte tenu des forces et des faiblesses de l'entreprise acheteuse ainsi que des « signaux » que celle-ci capte de l'environnement externe (Reed, 1977, 1977a, 1978).

En regard de l'acquisition, ce sont les données économiques qui priment habituellement, du moins à ce stade-ci du processus général d'acquisition. Les taux d'intérêt, les taux d'inflation, l'état du marché des capitaux, les tendances de l'économie : telles sont les principales données qui font l'objet de considérations.

C'est là un exercice difficile, s'il en est un ; les économistes en savent quelque chose ! Néanmoins, il s'agit d'un exercice indispensable qui aide à cerner l'incertitude, à mesurer les risques, à déceler les moments et les industries propices à l'investissement. Le moment de l'acquisition peut effectivement constituer l'un des facteurs de réussite de l'opération.

3.2.3. *Le diagnostic*

L'autodiagnostic de l'entreprise acheteuse lui permet de dégager ses points forts et ses points faibles, actuels ou éventuels, bref, d'évaluer l'ensemble de ses capacités. L'acquisition devrait, le plus possible, permettre à l'entreprise de miser sur ses propres forces et de contrer ses faiblesses (Reed, 1977, 1977a, 1978). Quels sont les principaux éléments de ce diagnostic, en rapport avec l'acquisition ? Ce sont, sans ordre de priorité : le gestion, les ressources financières, le marché et le produit (Hovers, 1973).

En se référant à son plan stratégique et spécialement à ses objectifs de croissance et d'acquisition, l'entreprise acheteuse évalue les aptitudes de ses gestionnaires, leur formation, leur expérience; elle s'applique à connaître leurs intérêts à l'égard des diverses activités de gestion. Deux points particuliers doivent retenir son attention. D'une part, le fait de connaître l'intention des gestionnaires de demeurer ou non au sein de l'entreprise constitue un atout très important. Inutile de dire que c'est aussi une information difficilement accessible. Cependant, si le succès d'une acquisition repose, en partie, sur l'engagement de certains gestionnaires, il est souhaitable que l'entreprise acheteuse s'assure leur présence, au moment de l'acquisition, à tout le moins. D'autre part, dans la mesure du possible, la formation de ces gestionnaires devrait être orientée en fonction, notamment, des besoins futurs requis pour atteindre les objectifs de croissance et d'acquisition.

Étant donné que l'acquisition est une opération financière, il va de soi que l'aspect financier doit faire l'objet d'un examen attentif. L'entreprise qui souhaite procéder à une acquisition doit être financièrement solide: une structure financière équilibrée, une bonne capacité d'emprunts, un fonds de roulement satisfaisant. Par conséquent, si un diagnostic sérieux révèle que l'entreprise ne répond pas à ce portrait, celle-ci devrait absolument rétablir sa santé financière avant de procéder à toute acquisition. Évidemment, le diagnostic financier peut révéler qu'il serait avantageux pour l'entreprise d'améliorer certains aspects au moyen de l'acquisition. Par exemple, elle pourrait diriger ses recherches vers des entreprises cibles productrices de fonds autogénérés (*cash flow*).

Enfin, notons que l'entreprise acheteuse avisée s'assure d'obtenir le financement nécessaire avant de conclure la transaction; faire l'inverse se révélerait des plus imprudents. On doit se rappeler que le financement d'une acquisition n'est pas de l'ordre de celui des affaires courantes.

Au sujet du diagnostic du produit, on doit tenir compte de deux aspects: le cycle de vie du produit et la technologie. L'entreprise se pose alors, entre autres, les questions suivantes: Quelle est l'étape actuelle du développement du produit (ou de chacun des produits)? Est-il en phase de démarrage, est-il rendu à maturité? Existe-t-il, sur le marché, des produits similaires, des produits substituts? La technologie du produit et de sa fabrication est-elle dépassée? actuelle? en avance sur la concurrence? De même, la situation de l'entreprise dans le marché et celle de ses concurrents, actuels et potentiels, sont passées au crible.

Pour être complet, le diagnostic pourrait couvrir bien d'autres aspects. Nous n'en avons donné ici qu'un aperçu. Poser un diagnostic exige du temps et des efforts, et comporte des coûts. Le jeu en vaut-il la chandelle ? Certes car, en plus des bienfaits que l'entreprise acheteuse en retirera pour l'acquisition, elle profitera des retombées secondaires d'un tel exercice. Les résultats du diagnostic pourront également servir à d'autres fins que l'acquisition. La connaissance d'elle-même acquise par l'entreprise, mise en parallèle avec ses objectifs, apportera une contribution notamment aux actions d'expansion interne de même qu'à l'instauration ou au développement de la gestion stratégique. Dans ce dernier cas, les résultats du diagnostic ou les orientations tirées de ce diagnostic devront nécessairement se traduire par des applications, « descendre » dans l'entreprise, afin de contribuer à façonner ou à développer la « pensée stratégique », c'est-à-dire un souci de planification stratégique à tous les niveaux hiérarchiques de l'entreprise et en fonction de chacun des niveaux. Comme le diagnostic permet de mettre à jour les forces et les faiblesses de l'entreprise acheteuse, il constitue, en soi, un premier pas vers le maintien ou l'accroissement des unes et la correction des autres. En ce sens, le diagnostic peut contribuer au développement interne de l'entreprise, de façon à ce que ce dernier puisse soutenir une croissance externe continue et équilibrée (Slater et Weinhold, 1978).

3.2.4. *Les objectifs de l'acquisition*

À partir des informations recueillies sur l'environnement externe et des résultats de son autodiagnostic, l'entreprise acheteuse est en mesure d'établir ses objectifs stratégiques et, de là, ses objectifs d'acquisition.

Les principaux objectifs (buts, motifs ou mobiles) de l'acquisition, d'ordre financier, économique, social et autres, peuvent être variés et nombreux. Évidemment, il revient à chaque entreprise d'identifier, de définir et de hiérarchiser ses objectifs (Hovers, 1973 ; Pène, 1979). Mais il n'en demeure pas moins qu'une acquisition doit nécessairement viser l'atteinte d'objectifs précis, clairement définis. Sinon, elle pourrait bien s'apparenter à un navire sans boussole. Pour assurer le succès de l'acquisition, il est impérieux que l'entreprise acheteuse établisse des objectifs minimaux et ne fasse aucune concession par rapport à ces objectifs. L'acquisition est une forme d'investissement qui présente des risques financiers certains. Une vision idéalisée ne doit pas faire oublier ou négliger ces risques !

Parmi les objectifs d'ordre financier, mentionnons la rentabilité, l'acquisition de fonds autogénérés (*cash flow*) et la valorisation (au sens comptable du terme) du cours de l'action.

Le taux de rendement du capital investi est l'une des techniques servant à mesurer la rentabilité des capitaux engagés dans une acquisition (Rappaport, 1979). Des recherches empiriques concluent à une relation faible ou même négative entre la rentabilité et les activités de fusion et de prise de contrôle (Reid, 1969 ; Song, 1983). Malgré les réserves que l'on puisse émettre sur ces conclusions, la constance dans les résultats laisse songeur. Les piètres performances s'expliqueraient par des déficiences dans la définition des objectifs, dans la planification, la sélection et l'évaluation, la formule de détermination du prix, l'intégration (Hovers, 1973) ; bref, de déficiences dans le processus général d'acquisition. Comme celui-ci est formé d'une suite de décisions, la présence d'un maillon faible pourrait suffire à compromettre le succès de la transaction.

L'acquisition de fonds autogénérés par l'entreprise acquise peut constituer un autre objectif financier de l'acquisition. En plus d'améliorer la situation de l'encaisse et du fonds de roulement, l'acquisition de fonds autogénérés favorise ce que nous appellerions « l'effet boule de neige », c'est-à-dire qu'une acquisition peut en favoriser une autre. L'acquisition de tels fonds est un objectif réalisable sans trop de risques d'erreurs, on en conviendra. Les excédents du fonds de roulement relèvent de la « constatation » et la sous-utilisation de l'actif, de la déduction logique. De même, le fait de s'assurer du niveau de l'évaluation des actions (de la sous-évaluation ou de la surévaluation) n'exige pas de grandes prouesses. La question qui demeure en suspens est d'un autre ordre, à notre avis, et relève de la gestion. Une entreprise « riche » et stagnante peut révéler la présence d'une gestion assoupie (Adizes, 1980). L'entreprise acheteuse devra alors porter une attention spéciale à la gestion et envisager avec grand soin l'intégration de l'entreprise acquise. Ce cas pourrait illustrer les limites de l'évaluation indirecte des gestionnaires faite à partir des résultats financiers.

Quant à la valorisation du cours de l'action, elle consiste dans l'augmentation du bénéfice par action (BPA) qui provoque, à son tour, l'augmentation du cours de l'action de l'entreprise acheteuse. La poursuite d'un tel objectif au moyen de l'acquisition oriente celle-ci vers des objectifs essentiellement financiers et exige de fortes habiletés dans ce domaine ; elle peut être à l'origine de la constitution de conglomérats (Ural, 1971).

Cela dit, bien d'autres motifs financiers peuvent intervenir dans l'acquisition d'une entreprise. Les trois objectifs sont loin de couvrir toute la question ; ils ont été choisis parmi d'autres à des fins d'illustration.

Parmi les objectifs d'ordre économique, retenons deux objectifs généraux fréquemment mentionnés, sous une forme ou sous une autre : la diversification et l'intégration (Smith et Nydegger, 1972 ; Kastens, 1973 ; Pekar et Ellis, 1980).

La diversification est marquée par le caractère de nouveauté que revêt cette opération stratégique de développement. Elle peut concerner un nouveau produit, un nouveau marché, une nouvelle technologie ou une combinaison de ces éléments (Kastens, 1973 ; Pekar et Ellis, 1980 ; Smith et Nydegger, 1972 ; Sylvain, 1982).

Par ailleurs, l'intégration offre à l'entreprise acheteuse l'occasion de prendre de l'expansion en misant sur ses connaissances acquises dans un domaine. La recherche de Rumelt (1974) révèle que les entreprises obtiennent de meilleurs résultats dans les domaines reliés à leurs propres habiletés et à leurs ressources. L'idée d'associer la synergie à l'acquisition d'entreprises dans des domaines connexes est reprise par nombre d'auteurs, même si elle ne fait pas l'unanimité. Mentionnons, à titre d'exemples, Le Goc (1976), Newbould (1970), Steiner (1975), Taboulet (1967), Kusewitt (1985).

Dans l'acquisition d'une entreprise, il peut exister une légion d'objectifs autres que financiers et économiques, y compris la recherche d'un meilleur statut et du prestige de la part des dirigeants de l'entreprise acheteuse (Viel, 1971). Il est possible que les objectifs d'acquisition comprennent des valeurs et des buts personnels des dirigeants (Carter, 1969 ; Newbould, 1970 ; Stoland, 1975 ; Zeitlin, 1975 ; Reed, 1977). L'acquisition peut aussi être un moyen utilisé par l'entreprise acheteuse pour se créer une image positive qui puisse répondre aux attentes des clients, du pouvoir public, etc. Ajoutons des objectifs sociaux aux motivations plus larges, par exemple, la participation au développement économique d'une région, qui semblent toutefois intervenir très peu dans les objectifs d'acquisition, du moins d'une façon directe (Kumar, 1977).

À propos des aspects humains, deux éléments sont considérés principalement en tant qu'objectifs possibles d'acquisition, le personnel spécialisé et les gestionnaires. Dans le premier cas, il peut s'agir de l'acquisition d'un service de recherche, par exemple (Hussey, 1973 ; Viel *et al.*, 1971) ; dans le second cas, de l'accès à des compétences en gestion (Kumar, 1977 ; Pekar et Ellis, 1980 ; Segnar, 1985 ; Slater, 1972). Ces éléments font l'objet de discussions au chapitre 8.

Évidemment, les objectifs peuvent recouvrir de multiples dimensions. Quoi qu'il en soit, il demeure essentiel que toute entreprise acheteuse fixe les objectifs d'une éventuelle acquisition. À cet égard, elle a sûrement avantage à examiner les objectifs (ou raisons) de l'acquisition *avant* la transaction plutôt que de rationaliser *après* sa conclusion.

3.3. Les activités de la phase tactique

Dans le processus général d'acquisition, la phase tactique comporte les activités qui correspondent à un horizon à court terme et à la mise en application des décisions découlant du plan d'acquisition. Comme le rappelle le tableau VIII, ce sont la sélection d'entreprises cibles, l'évaluation de l'une de ces entreprises et la négociation en vue de son acquisition.

TABLEAU VIII

Phase tactique

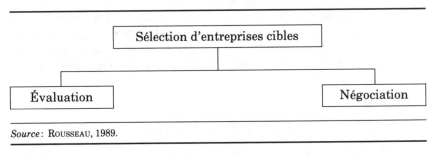

Source: ROUSSEAU, 1989.

Bien que toutes ces activités soient importantes, l'évaluation de l'entreprise choisie constitue l'élément crucial de cette phase. La majeure partie du présent ouvrage y est justement consacrée. Voyons comment se déroule chacune des activités.

3.3.1. *La sélection d'entreprises cibles*

Afin de mettre en œuvre le plan d'acquisition, on doit rechercher activement les entreprises pouvant y correspondre. L'entreprise acheteuse peut se charger elle-même de cette activité ou avoir recours à des services spécialisés en la matière. Les initiatives peuvent aussi venir d'entreprises vendeuses, sous une forme ou une autre. Les informations à rassembler sur les candidats potentiels sont de divers ordres. Mentionnons des informations générales et financières : la liste des membres du conseil d'administration, la répartition des actions, les données et les informations contenues dans le rapport financier annuel (dans le cas d'une entreprise publique), etc. ; des données sur le marché : l'état actuel du marché, les prévisions de croissance, etc. ; des informations boursières, s'il y a lieu : la cote des actions inscrites à la bourse, celle des concurrents, les études financières des maisons de courtage, etc.

La collecte des données sur les entreprises cibles doit s'accompagner du souci constant de leur compatibilité avec le plan d'acquisition. Par conséquent, les entreprises non conformes au plan sont à éliminer dès cette étape, à moins qu'on veuille exceptionnellement « profiter d'occasions ». C'est dire que les critères de sélection sont déjà définis et précisés. Ceux-ci comprennent, notamment, le secteur industriel, le lieu géographique, la taille de l'entreprise, etc.

À la suite de ce tamisage, on établit un premier contact qui permet de vérifier l'ouverture de l'entreprise cible par rapport à l'offre d'achat et de déceler le sérieux de ses intentions (Fishman, 1984 ; Hovers, 1973 ; Drayton *et al.*, 1965). Ces échanges entre les parties intervenantes de même que la cueillette d'informations plus détaillées sur ces entreprises permettent de sélectionner une entreprise cible avec laquelle le processus va se poursuivre. L'entreprise ainsi retenue fait l'objet d'une évaluation plus poussée parallèlement aux activités de négociation.

3.3.2. *L'évaluation de l'entreprise vendeuse*

Déterminer la « juste valeur » d'une entreprise n'est pas, en soi, une chose simple. Si l'on ajoute la pression du temps et le contexte de la négociation, on peut dire que cette activité représente un défi important.

À cette fin, l'entreprise acheteuse forme habituellement un groupe dont la composition ou les responsabilités peuvent varier (Feldman, 1985). En règle générale, la direction de l'entreprise acheteuse (président ou présidente, propriétaire, ou encore associé ou associée) et la personne responsable des finances en font partie ; d'autres peuvent s'y joindre, sur une base régulière ou occasionnelle, selon la nature de la transaction. Ainsi, le groupe *ad hoc* responsable du dossier peut confier l'étude de certains aspects particuliers de la transaction à des spécialistes, comptables, fiscalistes, avocats ou avocates, ingénieurs ou ingénieures, et autres. Ceux-ci peuvent être des membres de l'entreprise ou encore des conseillers ou conseillères externes. Enfin, on peut aussi demander à l'entreprise vendeuse de fournir des informations, de produire des documents, des dossiers, des études, de rencontrer des gestionnaires, etc.

- Par exemple, Jeannine Guillevin Wood pilote les dossiers d'acquisition avec le vice-président aux finances ; elle fait appel à des conseillers externes et requiert des informations de la part de l'entreprise vendeuse.

Existe-t-il une façon de procéder qui soit meilleure qu'une autre ? En matière d'évaluation et d'acquisition d'entreprises, il semble que la présence de certains éléments puisse contribuer à en assurer la réussite, dont l'engagement direct de la haute direction (Mace et Montgomery, 1962). Nous étudierons ce point dans la section suivante, lors de la discussion de la négociation entre les parties intervenantes.

Rappelons ici que les deuxième, troisième et quatrième parties de l'ouvrage traitent en profondeur de l'évaluation de l'entreprise.

3.3.3. *La négociation entre les parties intervenantes*

Dans la négociation, trois éléments retiennent l'attention : le premier contact avec l'entreprise vendeuse, l'amorce de la négociation et la négociation proprement dite. Le premier contact est un moment important de la négociation, si ce n'est l'étape la plus critique. Aussi l'approche initiale doit-elle être préparée avec beaucoup de soin. On reconnaît trois causes qui risquent d'anéantir toutes les possibilités d'entente : une mauvaise préparation, une approche dépourvue de tact, le choix d'un mauvais moment. Alors que l'entreprise acheteuse doit « subir » le troisième élément, il lui est possible de maîtriser les deux premiers (Drayton *et al.*, 1965).

Un premier contact permet à l'entreprise acheteuse de vérifier l'ouverture de l'entreprise cible par rapport à l'offre d'achat. Divers facteurs peuvent influer sur la durée de la phase initiale, dont l'importance ou le degré de complication du projet, de même que l'expérience des parties en la matière. Quels sujets peut-on aborder au début de la négociation ? Selon certains (dont Hovers, 1973), il ne serait pas trop tôt pour discuter de la formule du calcul du prix et du mode de paiement et pour se mettre d'accord sur la procédure à suivre. Pour d'autres (dont Fishman, 1984), l'entreprise acheteuse aurait avantage à attendre que le sérieux et l'intérêt de l'entreprise vendeuse se soient manifestés d'une façon probante.

L'engagement personnel du président ou de la présidente (ou encore du directeur général ou de la directrice générale) de l'entreprise acheteuse semble constituer un facteur essentiel à la réussite de la négociation et même de l'acquisition (Mace et Montgomery, 1962). Il existerait une corrélation élevée entre l'absence de participation constante de ceux-ci et de celles-ci et l'échec de la transaction. Les auteurs en donnent les raisons suivantes :

- le président ou la présidente (ou le directeur général ou la directrice générale) est responsable de la réalisation du plan de croissance, particulièrement si la croissance externe joue un rôle majeur ;
- il ou elle a le prestige nécessaire à la conduite de la négociation ;
- il ou elle connaît bien le secteur industriel et parle le même langage que les membres de l'entreprise cible ;
- il lui revient de convaincre les membres du conseil d'administration du caractère désirable de la croissance externe et de l'acquisition en cause.

D'autres auteurs partagent cette idée de l'importance de l'engagement de la haute direction dans le processus général d'acquisition et, en particulier, dans la négociation (dont Fishman, 1984 ; MacDougal et Malek, 1970). Plus largement, un tel engagement demeure un gage de succès (Bennis et Nanus, 1985).

Enfin, mentionnons brièvement un élément à ne pas oublier ou négliger, soit le « côté psychologique » de la négociation (Cameron, 1977). Celle-ci est en effet une activité dynamique aux rebondissements imprévus et imprévisibles, une activité exigeante en temps et en efforts, une activité où les personnalités jouent un rôle de premier plan.

Nous ne saurions clore le sujet de la négociation sans discuter de la pertinence du secret qui l'entoure. La majorité des auteurs reconnaît que le déroulement de la négociation doit se faire dans la plus grande discrétion et même dans le secret le plus total (Hilton, 1970 ; Segnar, 1985). À cet égard, Bing (1978) demeure une remarquable exception à cette règle généralement admise : à son avis, la meilleure politique consiste à informer les employés de la mise en vente de l'entreprise dès que la décision est prise et à leur en donner les raisons.

Une telle position, sans autre nuance, soulève inévitablement bien des interrogations. Par exemple, ne risquerait-on pas de semer inutilement bien des inquiétudes ? Quelles répercussions pourrait avoir la rupture de la négociation à l'égard des gestionnaires et du personnel ? Une partie du temps et de l'énergie des gestionnaires ne serait-elle pas canalisée vers la « gestion de l'inquiétude » causée en partie par eux-mêmes ? L'entreprise risquerait-elle que des employés la quittent ? Qu'adviendrait-il si les négociations étaient rompues, si des offres de vente se succédaient et n'aboutissaient pas ?

Normalement, les deux parties intervenantes s'engagent réciproquement à respecter le caractère confidentiel des informations et de la négociation, compte tenu du cortège d'avantages et d'inconvénients qui s'ensuivent inévitablement.

Le secret entourant la négociation exerce une pression sur les parties intervenantes. C'est pourquoi le délai pour conclure la transaction ou rompre la négociation doit être le plus court possible. La pression exercée est d'autant plus forte que l'entreprise acheteuse doit procéder durant ce temps à une évaluation en profondeur de l'entreprise vendeuse. Il semble néanmoins que « la pression du secret » soit préférable à la pression et aux effets possibles d'une information hâtive, ou malhabile. Idéalement, les activités de l'acquisition devraient se dérouler dans une certaine quiétude (Cole, 1981). En pratique toutefois, le stress rattaché à l'examen de l'entreprise vendeuse et à la négociation, notamment, semble difficilement évitable. Les conseils de Segnar (1985) concernant le « savoir attendre » et le « savoir agir rapidement » traduisent bien l'ambivalence de la situation.

Par ailleurs, la conclusion de l'entente devrait marquer le début de l'information et de la communication aux personnes concernées au sujet de la transaction. C'est dire que le contenu de l'information doit être prêt et le processus de divulgation arrêté. Il s'agit là d'un moment crucial, nous y reviendrons plus loin.

En résumé, après avoir identifié des entreprises cibles potentielles à partir de critères généraux, un examen préliminaire basé sur les données du plan d'acquisition et sur la connaissance générale des entreprises cibles conduit à un tamisage de ces entreprises.

À la suite de ce tamisage, un premier contact permet de vérifier l'ouverture des entreprises cibles à l'égard de l'offre d'achat et le sérieux de leurs intentions. Ces échanges entre les parties intervenantes et des informations plus détaillées sur ces entreprises permettent de sélectionner une entreprise cible avec laquelle le processus peut se poursuivre. L'entreprise retenue fait l'objet d'une évaluation plus poussée parallèlement aux activités de négociation. À tout moment, le processus peut être interrompu par l'une ou l'autre des parties intervenantes, d'où la nécessité de se préparer aussi à cette éventualité, c'est-à-dire de disposer d'une « sortie ».

En somme, tout au long du déroulement de la négociation et de l'évaluation, les informations s'accumulent et des jugements partiels se forment. Au terme de la phase des activités tactiques, on dégage une synthèse de façon à tracer une vue d'ensemble et à aboutir à une décision finale.

3.4. Les activités de la phase de réalisation

Deux principales étapes marquent la réalisation de l'acquisition : l'entente et l'intégration. L'entente est surtout d'ordre juridique : elle désigne l'accord officiel des parties au sujet de la transaction. L'intégration est de l'ordre de la gestion.

TABLEAU IX

Phase de réalisation

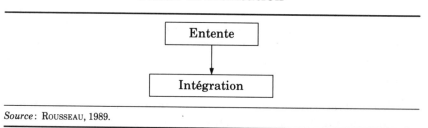

Source: ROUSSEAU, 1989.

Le tableau IX rappelle les étapes de cette phase. Il illustre bien notre point de vue (contrairement à celui de Hovers, 1973) selon lequel l'intégration est une étape inhérente à l'acquisition, et non pas une étape « post-acquisition ». On en conviendra, l'intégration concourt essentiellement à l'atteinte des objectifs financiers, économiques et autres, formulés dans le plan stratégique et traduits dans le plan d'acquisition. Comme la réalisation de l'acquisition ne saurait être effective sans l'intégration de l'entreprise acquise, selon les modalités prévues par l'entreprise acheteuse, nous avons situé l'intégration dans la phase de réalisation de l'acquisition. D'ailleurs, elle contribue fortement au succès ou à l'échec de l'acquisition.

3.4.1. *L'entente formelle*

Habituellement, l'entente se conclut d'abord d'une façon officieuse : les deux parties intervenantes conviennent entre elles de l'acquisition de l'entreprise qui fait l'objet de la transaction. L'approbation par le conseil d'administration (dans le cas d'une compagnie) confère un caractère officiel à la transaction. Une saine attitude de prudence invite l'acquéreur à se protéger au moyen de clauses contractuelles ou en faisant appel à la responsabilité professionnelle (Campbell, 1975, 1984 ; Morin et Chippindale, 1970). Les éléments d'ordre juridique et financier dominent alors la scène, par la signature du contrat et le financement de la transaction. C'est le point de non-retour.

C'est généralement à ce moment-ci du processus que l'information est transmise aux personnes intéressées et rendue publique. L'annonce de l'acquisition au moyen de communiqués de presse, de conférences de presse et autres, suit un rituel bien établi qui ne nécessite pas ici de commentaires particuliers.

Par contre, il en va tout autrement à l'intérieur des deux entreprises, car l'entente marque un changement dans le contexte organisationnel. Ce changement se fait particulièrement sentir dans l'entreprise acquise, se manifestant au départ par de l'inquiétude, de l'incertitude, de l'anxiété qui viennent bouleverser l'équilibre dans l'entreprise acquise. Ce sont là des problèmes inhérents à l'acquisition.

Il est souhaitable que les parties intervenantes s'entendent sur le processus à suivre pour diffuser l'information, qu'elles déterminent les responsabilités réciproques et le contenu de l'information. Une information précise, transmise immédiatement après la conclusion de l'entente, un message adapté aux destinataires (le personnel de l'entreprise ou le public) et l'utilisation de tous les canaux possibles d'information : telles sont les principales règles à suivre pour assurer une réponse positive de la part du personnel des deux entreprises et du public.

En somme, on doit mettre l'accent sur l'information pertinente afin de contrer tout climat d'incertitude et de canaliser les énergies vers des activités positives. Il semble bien que l'affirmation et même l'assurance qu'aucun changement ne suivra l'acquisition ne suffisent pas à rassurer le personnel. Il serait plus valable qu'on définisse clairement leur situation, leurs fonctions et tâches, et qu'on leur communique cette information dans les plus brefs délais.

Cela dit, il semble que l'un des éléments influence l'attitude du personnel de l'entreprise acquise, soit l'image véhiculée par l'entreprise acheteuse. En d'autres termes, la réputation de l'acquéreur le précéderait ! Plus précisément, le personnel de l'entreprise acquise mettrait en parallèle l'image de cette entreprise et celle de l'entreprise acheteuse. Le résultat positif ou négatif de cette comparaison entrerait en compte dans l'inquiétude suscitée par l'acquisition. La qualité de l'annonce de la transaction vient donc, en quelque sorte, confirmer ou infirmer la première impression du personnel touché. Si l'image de l'entreprise acheteuse est négative — qu'elle soit fondée ou non —, on aura d'autant plus avantage à bien présenter l'annonce de la transaction.

3.4.2. *L'intégration de l'entreprise acquise*

L'intégration de l'entreprise acquise (ou de certaines de ses activités) est une étape difficile à passer. On conviendra que toute intégration impliquant l'élément humain constitue un processus complexe (Arnold, 1970). Pourtant, c'est là « l'examen de passage » que doit réussir l'entreprise acheteuse pour assurer le succès de l'acquisition.

Les problèmes reliés à l'intégration proviennent généralement de deux sources. D'une part, ils résultent de l'insuffisance d'informations au sujet de la gestion et des opérations de l'entreprise acquise : certaines entreprises acheteuses découvrent, un peu tard, qu'elles n'ont qu'une connaissance superficielle de l'entreprise acquise (Pritchett, 1985). D'autre part, ils découlent aussi du fait que les difficultés potentielles d'intégration sont ignorées ou minimisées jusqu'à la conclusion de l'entente (Boland, 1970 ; Jemison et Sitkin, 1986 ; Kitching, 1967 ; Marks, 1982).

Peut-on contrer ces difficultés majeures ? *Avant* de conclure la transaction, on procède à l'évaluation adéquate de l'entreprise vendeuse et on élabore, au cours même de l'évaluation, le plan d'intégration dans ses grandes lignes. Sans une telle analyse de l'entreprise et sans un tel plan, on ne peut prendre les décisions et les mesures appropriées au moment opportun et l'acquisition échoue, ou se révèle insatisfaisante. Notre approche de l'évaluation s'inscrit justement dans cette perspective.

La période d'intégration présente aussi des côtés positifs. Elle constitue un moment propice aux améliorations et aux innovations (Searby, 1969 ; Lewin, 1947 et Dalton *et al.*, 1970), dont la réalisation semble dépendre presque entièrement de l'efficacité de la gestion en matière de planification et de gestion du changement (Kitching, 1967). Il est en effet reconnu que le personnel d'une entreprise estime généralement que la gestion de celle-ci pourrait être meilleure qu'elle ne l'est (Bing, 1978). Par conséquent, et d'autant plus si l'image de l'entreprise acheteuse est relativement positive, on devrait pouvoir procéder à des changements dans la gestion sans trop de problèmes à condition, bien sûr, que l'entreprise acheteuse y manifeste du savoir-faire et même du savoir-vivre.

3.5. Les activités de la phase d'évaluation critique

Feed-back, rétroaction, examen de conscience, *post-mortem* ou, tout simplement, séance de planification stratégique : voilà autant de façons de désigner la phase d'évaluation critique. À la fin du processus général d'acquisition, cette évaluation permet à l'entreprise acheteuse de faire un « bilan de l'acquisition » et de revoir son plan stratégique (en partie) et son plan d'acquisition (Van Pelt, 1967 ; Couvreur, 1978). Succès ou échec, l'acquisition peut servir de « leçon » pour l'avenir. L'acquéreur a donc tout intérêt à suivre la réalisation et les résultats de l'acquisition. Dresser une mise au point des activités de l'acquisition, tel est l'objectif spécifique de cette dernière étape du processus général d'acquisition (voir le tableau X).

TABLEAU X

Phase d'évaluation critique

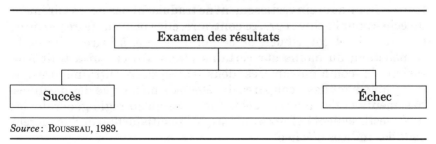

Source: ROUSSEAU, 1989.

3.5.1. *L'examen des résultats*

Au tout début de la phase d'intégration, des mécanismes de contrôle sont habituellement mis en place dans l'entreprise acquise. L'examen régulier des résultats obtenus peut permettre aux responsables de déceler certaines faiblesses et d'y remédier à temps (Van Pelt, 1967, Couvreur, 1978).

Signalons que la mise en œuvre d'un tel suivi ne va pas sans difficultés. Par exemple, les changements survenus après l'acquisition peuvent rendre les données courantes de l'entreprise acquise moins comparables avec ses données antérieures. De plus, lors de modifications notables dans les activités de l'entreprise acquise, par exemple un transfert des activités de production ou un abandon d'un secteur d'activités, il peut devenir difficile, voire impossible, aux gestionnaires de se prononcer sur son évolution. Des estimations ou des ajustements peuvent contrer, du moins en partie, les difficultés et les limites. Le suivi, spécifions-le, ne devrait pas être axé exclusivement sur les données financières et économiques, il devrait aussi porter sur tous les éléments qui revêtent une importance stratégique.

3.5.2. *Constat de succès ou d'échec*

Selon les conclusions de l'examen des résultats (au sens large du terme), l'entreprise acheteuse décide de conserver l'entreprise acquise ou de s'en départir. Évidemment, les constats de succès ou d'échec ne demandent pas obligatoirement d'examen systématique. Cependant, un tel examen permet aux gestionnaires de prendre des décisions plus éclairées et en temps opportun (Bing, 1978). Par ailleurs, une acquisition peut être un demi-succès ou un demi-échec! L'expression « sous-réalisation » (*underachievement*) rend bien cette idée.

Spécifions, pour tenir compte de la tendance actuelle, que les transactions de désinvestissement ne traduisent pas nécessairement un échec pour l'acquéreur. Au contraire, elles peuvent faire partie de sa stratégie et contribuer, de ce point de vue, à la réussite de la transaction, du moins sur certains plans. En ce qui a trait à la fusion, la combinaison des deux entreprises entraîne presque inévitablement des « coupures de têtes » de même que des désinvestissements et des mises à pied. Ajoutons qu'en règle générale, les désinvestissements « forcés » ainsi que l'insatisfaction de l'acquéreur sont des indices d'échec.

Les conséquences possibles de tels désinvestissements peuvent être nombreuses ; mentionnons entre autres : la difficulté de trouver preneur, la possibilité de voir baisser le prix des actions, la mauvaise image de l'entreprise acheteuse auprès du personnel, du public, du milieu des affaires (Hafsi, 1987), sans oublier les répercussions éventuelles sur la carrière des personnes concernées et les tiraillements internes qui peuvent se manifester. En somme, l'acquisition peut représenter un phénomène à effet d'entraînement : son succès attire le succès et son échec suscite l'échec.

Bref, la capacité de gérer le changement, au cours de l'étape d'intégration, peut s'avérer un élément déterminant de la réussite ou non de la transaction. Aussi cette période devrait-elle être soigneusement planifiée et mise en œuvre par des gestionnaires compétents. À cette fin, on reconnaît qu'il est essentiel d'assigner la responsabilité de l'intégration à un membre de la haute direction (Gray, 1985 ; Kitching, 1967).

DEUXIÈME PARTIE

LE CADRE DE L'ÉVALUATION DE L'ENTREPRISE

SOMMAIRE SCHÉMATIQUE

LE CADRE DE L'ÉVALUATION DE L'ENTREPRISE

CHAPITRE 4

LE MODÈLE DYNAMIQUE
DES FACTEURS D'ACQUISITION

Comme on a pu le constater, l'acquisition d'entreprises est un processus dynamique qui comprend nombre de phases, d'étapes et d'activités. Le tout se déroule depuis la formulation du plan stratégique de l'entreprise acheteuse jusqu'à la réalisation même de la transaction, en passant par l'identification et l'évaluation d'entreprises cibles et par la négociation avec l'entreprise vendeuse sélectionnée. Ce processus comporte donc nombre d'aspects susceptibles de fournir autant de sources d'études et de réflexion. Parmi l'ensemble de sujets qui mériteraient d'être analysés, nous retenons la question de l'évaluation d'une entreprise cible (ou vendeuse) en vue de son acquisition éventuelle.

Comment procéder à une telle évaluation ? Quels facteurs (ou éléments) doit-on prendre en considération ? Le modèle dynamique des facteurs d'acquisition, issu d'une recherche « sur le terrain », servira de guide à cette démarche. Voyons donc ce modèle, ses parties, ses composantes et ses finalités (Rousseau, 1987).

4.1. La présentation du modèle

L'évaluation d'une entreprise est une activité complexe englobant une foule de considérations. Parmi celles-ci, nous avons choisi d'analyser les facteurs d'acquisition, c'est-à-dire les éléments qui entrent en ligne de compte dans la décision d'acquisition et qui servent à évaluer l'entreprise sous examen — et non pas, précisons-le, le processus même d'acquisition. Il va sans dire que ce modèle intitulé « modèle dynamique des facteurs d'acquisition » (MDFA) ne peut contenir tous les facteurs d'acquisition possibles, un modèle étant, par définition, une réduction de la réalité. Par contre, et sans prétendre à l'exhaustivité, nous y présentons les facteurs d'acquisition les plus importants [1] à considérer dans toute transaction. Et c'est en ce sens que ce modèle peut contribuer à l'évaluation d'une entreprise en vue de son acquisition éventuelle (Rousseau, 1987).

Le modèle comprend deux grands types de facteurs que nous présentons en deux parties, soit : les facteurs généraux d'acquisition et les facteurs spécifiques d'acquisition. Les premiers servent de repères à la décision d'acquérir ou non l'entreprise sous examen ; les seconds interviennent dans la détermination de la valeur (du prix) de cette entreprise, d'une façon spécifique. Ces facteurs apparaissent aux tableaux XI-A et XI-B et sont suivis d'une note descriptive.

Nous avons plus haut qualifié le modèle des facteurs d'acquisition de « dynamique » parce qu'il permet de traiter les facteurs d'acquisition selon différents points de vue. Par exemple, on peut préférer aborder l'évaluation de l'entreprise vendeuse en passant en revue les facteurs généraux et les facteurs spécifiques d'acquisition successivement, ou bien on peut opter d'examiner ces facteurs parallèlement à d'autres composantes du modèle. Nous aborderons cette dernière caractéristique du modèle à la section suivante, afin de vous en faire saisir toute la portée.

1. Plus de 200 facteurs ont été mis à jour au cours de notre recherche « sur le terrain ». La méthode Delphi a servi à la cueillette des données et la méthode de Glaser et Strauss, à leur analyse ainsi qu'à la construction du modèle.

TABLEAU XI-A

Modèle dynamique des facteurs d'acquisition

Réseaux de facteurs	Première partie — Facteurs généraux d'acquisition		
	Perspectives diachroniques de l'examen		
	Situation présente	Situation future	Liens à établir
Stratégiques	Aspects sociopolitiques Position stratégique Aspects technologiques	Aspects économiques Clients et fournisseurs	Objectifs économiques
Financiers	Besoins et sources actuels de fonds Capacité de rentabilité Situation fiscale	Besoins et sources éventuels de fonds	Impact financier sur l'entreprise acheteuse
Reliés aux ressources humaines	Compétence, attitude des gestionnaires Présence et qualité des spécialistes État et évolution du climat de travail	Maintien des gestionnaires Remplacement des gestionnaires Renouvellement de la convention collective	Compatibilité de gestion Répercussions sur le personnel Intégration des ressources humaines
Administratifs	Contrôle interne	Présence des actionnaires minoritaires	Attentes mutuelles Complémentarité spécifique

Source: Rousseau, 1987. Adaptation de l'auteure.

TABLEAU XI-B

Modèle dynamique des facteurs d'acquisition

Deuxième partie — Facteurs spécifiques d'acquisition

Perspectives diachroniques de l'examen

Réseaux de facteurs	Situation présente	Situation future	Liens à établir
Stratégiques	Capacité de croissance	*	
Financiers	Analyse financière globale Analyse d'éléments particuliers Pronostic de rentabilité Évaluation financière	Impact financier sur l'entreprise vendeuse	Intégration spécifique
Reliés aux ressources humaines	Compétence des gestionnaires Niveau comparatif de la rémunération Apport des ressources humaines	Maintien des gestionnaires Problèmes prévisibles de relations de travail Modifications au régime de retraite	Compatibilité des avantages sociaux Intégration des gestionnaires
Administratifs	Indépendance économique	Poursuite des activités d'exploitation	*

* Aucun facteur particulier n'est pris en considération.
Source : ROUSSEAU, 1987. Adaptation de l'auteure.

Note descriptive

Soulignons que la présente note est destinée à servir d'appui à la lecture du modèle en le décrivant au moyen d'un texte. Elle remplit tout simplement un rôle complémentaire et, en ce sens, devient facultative.

Selon la première partie du modèle dynamique des facteurs d'acquisition, la considération des facteurs généraux d'acquisition s'établit comme suit :

Dans l'examen de la situation présente, les facteurs stratégiques retiennent d'abord l'attention. Ce sont : les aspects sociopolitiques, la position stratégique et les aspects technologiques. Puis viennent les facteurs financiers, c'est-à-dire l'analyse des besoins et des sources actuels de fonds, de la capacité de rentabilité et de la situation fiscale. Les facteurs reliés aux ressources humaines sont : la compétence et l'attitude des gestionnaires, la présence et la qualité des spécialistes, l'état et l'évolution du climat de travail. Enfin, l'étude du contrôle interne, en tant que facteur administratif, complète l'examen.

Dans l'examen de la situation future, les facteurs stratégiques représentés par les aspects économiques, les clients et les fournisseurs interviennent tout d'abord. Puis, ce sont les facteurs financiers portant sur les besoins et sources éventuels de fonds. Les facteurs reliés aux ressources humaines traitent du maintien des gestionnaires et de leur remplacement ainsi que du renouvellement de la convention collective. Enfin, on se préoccupe de la présence des actionnaires minoritaires : il s'agit du seul facteur administratif.

Dans l'examen des liens à établir, les objectifs économiques et l'impact financier, qui forment respectivement les facteurs stratégiques et financiers, amorcent l'analyse. Puis, l'on considère les facteurs reliés aux ressources humaines : la compatibilité de gestion, les répercussions de l'acquisition sur le personnel et l'intégration des ressources humaines. Viennent, enfin, les facteurs administratifs, soit : les attentes mutuelles et la complémentarité spécifique.

Selon la deuxième partie du modèle dynamique des facteurs d'acquisition, la considération des facteurs spécifiques d'acquisition s'établit comme suit :

Dans l'examen de la situation présente, on considère d'abord un facteur stratégique, la capacité de croissance. Les facteurs financiers composés de l'analyse financière globale, de l'analyse d'éléments particuliers, du pronostic de rentabilité et de l'évaluation financière sont ensuite pris en compte. Puis on se préoccupe des facteurs reliés aux ressources humaines : la compétence des gestionnaires, le niveau comparatif de la rémunération et l'apport des ressources humaines. Viennent ensuite les facteurs administratifs comportant un élément, l'indépendance économique.

Dans l'examen de la situation future, c'est l'impact financier de l'acquisition sur l'entreprise vendeuse, relié au réseau des facteurs financiers, qui fait d'abord l'objet de l'attention. Plusieurs facteurs reliés aux ressources humaines sont considérés : le maintien ou non des gestionnaires, les problèmes prévisibles de relations de travail, les modifications éventuelles au régime de retraite. Concernant les facteurs administratifs, on se préoccupe de la poursuite des activités d'exploitation. Aucun facteur stratégique particulier n'est pris en considération.

Dans l'examen des liens à établir, deux réseaux sont présents, soit les réseaux de facteurs financiers et de facteurs reliés aux ressources humaines. Le premier comprend l'intégration spécifique et le second, la compatibilité des avantages sociaux et l'intégration des gestionnaires. Dans les réseaux de facteurs stratégiques et administratifs, aucun facteur particulier n'y est retenu.

4.2. Les composantes du modèle

Au moment d'aborder l'évaluation d'une entreprise, deux questions générales se posent : Quelles catégories de facteurs d'acquisition doit-on considérer ? Selon quelles perspectives faut-il examiner l'entreprise vendeuse ? Faisant écho à ces préoccupations, le modèle dynamique des facteurs d'acquisition intègre justement ces catégories et perspectives. C'est pourquoi l'exposé de ces dernières suit la présentation du modèle.

4.2.1. Les catégories de facteurs d'acquisition

À leur tour, les facteurs généraux et les facteurs spécifiques regroupent d'autres facteurs qui comprennent des sous-ensembles nommés réseaux. Ce sont : les réseaux de facteurs stratégiques, de facteurs financiers, de facteurs reliés aux ressources humaines et de facteurs administratifs. Le tableau XII illustre les catégories de facteurs.

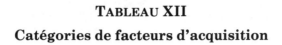

TABLEAU XII

Catégories de facteurs d'acquisition

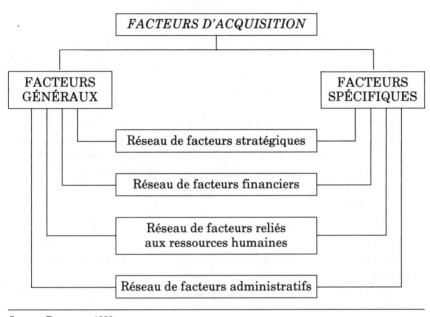

Source: ROUSSEAU, 1989.

Précisons que le réseau de facteurs stratégiques comprend les aspects reliés à l'environnement externe; le réseau de facteurs financiers, les aspects reliés à la transaction financière; le réseau de facteurs reliés aux ressources humaines, les aspects reliés aux gestionnaires, aux relations de travail, au personnel; le réseau de facteurs administratifs, les aspects reliés à la gestion interne.

4.2.2. *Les perspectives de l'examen de l'entreprise vendeuse*

Essentiellement, l'entreprise acheteuse veut déterminer « ce que vaut pour elle » l'entreprise vendeuse. Pour ce faire, il lui faut examiner celle-ci sous divers angles, au cours d'une période de temps plutôt restreinte et, bien souvent, source de pressions. L'examen s'organise autour de trois perspectives diachroniques et devrait permettre de répondre à trois questions fondamentales:

- Quelle est la situation présente de l'entreprise vendeuse ?
- Quelle sera sa situation future probable, après l'acquisition ?
- Quels seront les liens à établir avec cette entreprise, une fois acquise ?

Chacun des réseaux de facteurs — stratégiques, financiers, reliés aux ressources humaines et administratifs — situe l'examen de l'entreprise vendeuse selon ces trois perspectives, ou catégories diachroniques, comme l'indique le modèle dynamique des facteurs d'acquisition (voir les tableaux XI-A et XI-B).

Ici, l'examen de l'entreprise vendeuse s'articule d'abord selon le type de facteurs d'acquisition. Les facteurs généraux et les facteurs spécifiques y sont présentés successivement, dans l'ordre des réseaux de facteurs. Enfin, pour chacun des réseaux, les perspectives diachroniques de l'examen servent de trame à la présentation des divers éléments.

Soulignons que l'ordre des réseaux de facteurs retenu se rapproche du déroulement que peut suivre, en réalité, l'entreprise acheteuse, exception faite de l'aspect statique de la présentation [2]. L'examen des facteurs généraux peut s'articuler à partir des réseaux de facteurs stratégiques, financiers, reliés aux ressources humaines et administratifs.

Dans l'examen des facteurs spécifiques, on remarque la place prépondérante occupée par les facteurs financiers, afin de bien répondre à l'objectif principal de cet examen, à savoir la détermination du prix d'acquisition. Par contre, la difficulté d'y traiter des facteurs autres que financiers se traduit par une considération moindre de ces derniers (Rousseau, 1985). Aussi les réseaux de facteurs spécifiques sont-ils ordonnés de façon à refléter cet état de choses ; ils comprennent deux groupes : les facteurs financiers et les facteurs autres que financiers.

Le tableau XIII illustre l'ordre suivi dans le traitement du sujet, tout au long du texte.

---

2. En fait, la considération des divers éléments peut se chevaucher au cours de l'examen. Il en est de même pour les activités d'évaluation d'une entreprise et la négociation du prix d'acquisition.

TABLEAU XIII

Ordre de présentation des facteurs d'acquisition

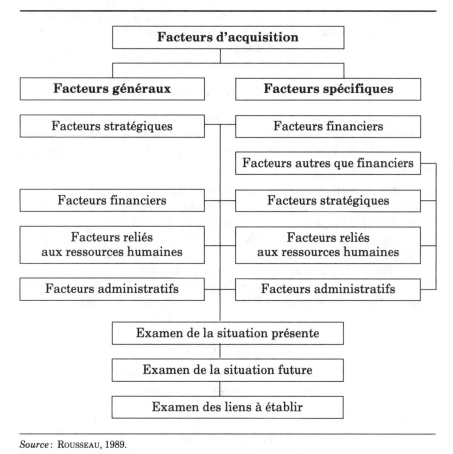

Source: ROUSSEAU, 1989.

4.3. Les finalités du modèle

Le modèle dynamique des facteurs d'acquisition répond à une double finalité : tout d'abord, il est destiné à servir à l'évaluation d'une entreprise en vue de son acquisition ; pour ce faire, il permet ensuite l'examen ordonné et suffisamment complet de cette entreprise ou, à tout le moins, l'étude de ses principaux éléments.

Comme nous l'indiquions lors de la discussion de l'intégration de l'entreprise acquise (au chapitre 3, section 3.4.2.), l'insuffisance d'informations concernant l'entreprise acquise et l'ignorance des problèmes possibles d'intégration constituent les principales causes de difficultés de cette phase. L'approche de l'évaluation et de l'acquisition d'entreprises, proposée par le modèle dynamique, permet justement d'éviter une telle situation en fournissant un cadre souple qui mène à une évaluation adéquate.

4.3.1. *L'évaluation de l'entreprise vendeuse*

Pour situer le modèle dynamique des facteurs d'acquisition dans le cadre de l'évaluation de l'entreprise, répondons à la question suivante : Comment interviennent les facteurs d'acquisition dans l'évaluation d'entreprises ?

Au départ, précisons que l'on distingue généralement deux sortes d'évaluation : l'évaluation financière et l'évaluation non financière. Il s'agit respectivement de la mesure monétaire et de la mesure qualitative ou quantitative de la valeur d'un bien ou d'un élément sans qu'il y ait nécessairement échange (Sylvain, 1982). L'évaluation d'une entreprise en vue de l'acquisition peut être subdivisée en trois niveaux : le prix plancher, le prix plafond et la fourchette de prix, comme l'illustre le tableau XIV (Campbell, 1975 et 1984).

TABLEAU XIV

Niveaux d'évaluation d'entreprises

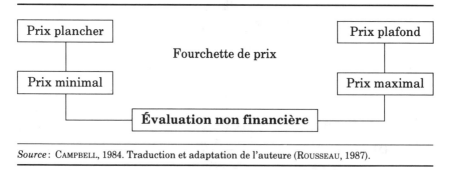

Source : CAMPBELL, 1984. Traduction et adaptation de l'auteure (ROUSSEAU, 1987).

- Le prix plancher constitue le niveau minimal de prix. S'il s'agit d'une compagnie publique, ce prix peut être déterminé par le prix des actions cotées à la bourse. S'il s'agit d'une compagnie privée, il peut être déterminé à l'aide d'un prix de référence, par exemple, par la comparaison d'un titre d'un concurrent inscrit à la bourse (multiple de bénéfices). Le prix plancher constitue habituellement le prix offert à l'entreprise vendeuse lors de l'offre d'achat initiale ; il sert de base à la négociation.

- Le prix plafond constitue le niveau maximal de prix ; il ne devrait donc pas être dépassé, sauf dans des circonstances exceptionnelles. Il est déterminé par les résultats de l'évaluation financière, laquelle repose sur l'analyse financière et fait appel à un ensemble de techniques et de méthodes.

- L'évaluation des aspects non financiers interfère dans l'écart entre le prix plancher et le prix plafond. Selon les résultats de cette évaluation, le prix fluctue à la baisse ou à la hausse. Il est à remarquer que l'évaluation non financière intervient principalement dans la fourchette de prix. C'est ainsi que se déroule (ou devrait se dérouler) généralement le scénario.

Cela dit, spécifions que la considération des aspects non financiers n'est pas exclusive à l'évaluation non financière. Elle peut intervenir dans la détermination du prix plancher et du prix plafond, mais généralement d'une façon indirecte (Rousseau, 1987).

Le jugement que porte le marché sur la valeur de l'entreprise, notamment par l'attribution d'un prix aux actions, peut reposer sur des variables stratégiques et, en partie, sur des facteurs humains. Par exemple, il peut s'agir de la présence de dirigeants renommés ; pensons à Lee Iacocca, président de General Motors. Il peut s'agir de la vitalité de la recherche et du développement soutenue par une équipe d'innovateurs. Plus près de nous, pensons à Bernard Lemaire, président de Cascades. Cette situation s'applique *mutatis mutandis* dans le cas d'entreprises non inscrites à la bourse, par le biais du prix de référence que l'entreprise acheteuse établit en rapport avec le marché.

Il reste que les aspects non financiers demeurent des éléments majeurs dans l'évaluation non financière. Abordés selon le point de vue de l'entreprise acheteuse, ces aspects peuvent recevoir (et reçoivent généralement) une pondération différente de celle du marché, en regard des besoins et des objectifs stratégiques de l'entreprise acheteuse. De cette façon, et à sa façon, celle-ci « ré-interprète » les données du marché. Cette interprétation différente n'invalide pas le jugement du marché et ne diminue en rien son utilité ; au contraire, celui-ci sert de point de référence à la démarche de l'entreprise acheteuse et l'aide à situer sa position stratégique et celle de l'entreprise vendeuse par rapport au marché. De toute évidence, le marché joue un rôle essentiel dans l'évaluation d'entreprises.

Comment les aspects humains interviennent-ils dans l'évaluation financière ? Prenons deux exemples de portée générale. Dans le paiement des primes d'émission d'actions, on peut tenir compte de l'efficacité de gestion (et de sa renommée). À l'opposé, même si les attentes de l'entreprise acheteuse en matière de leadership ne sont pas comblées, la conclusion de la transaction demeure possible ; toutefois, le prix plafond peut s'en trouver réduit (Adler, 1980 ; Penn, 1981 ; Salter et Weinhold, 1981 ; Smollen, 1970 ; Ziadé, 1969).

Les facteurs généraux d'acquisition, rappelons-le, jouent un rôle principalement dans la décision de l'entreprise acheteuse d'acquérir ou non l'entreprise vendeuse. « Principalement »... car, advenant que l'entreprise acheteuse décide effectivement d'acquérir l'entreprise vendeuse, le résultat de l'examen de ces facteurs peut influer sur le prix d'acquisition, à la hausse ou à la baisse. À tout le moins, cette étape fournira à l'entreprise acheteuse des arguments à faire valoir dans la négociation du prix et l'aidera à juger du bien-fondé des arguments de l'entreprise vendeuse.

Par ailleurs, la considération des facteurs spécifiques entre principalement en jeu dans la détermination du prix d'acquisition, soit dans le calcul du prix plafond, soit dans la fourchette de prix.

Au terme des activités du processus d'évaluation (et de négociation), l'entreprise acheteuse doit dégager une synthèse lui permettant de tracer une vue d'ensemble et d'aboutir à une décision finale. « L'équation ultime » peut se résumer ainsi : il s'agit de ce que l'on veut (ou peut) payer en retour de ce que l'on veut (ou peut) obtenir, ou inversement, de ce que l'on veut (ou peut) recevoir en retour de ce que l'on veut (ou peut) céder.

À cette fin, on pondère, d'une façon ou d'une autre, les facteurs d'acquisition et l'on met en parallèle les avantages et les inconvénients de l'acquisition de l'entreprise vendeuse (Stoland, 1975). Un accord de principe entre les parties intervenantes marque la fin des activités de l'évaluation et l'amorce de la phase de réalisation de la transaction. S'ensuivent donc l'entente formelle et l'intégration de l'entreprise acquise.

4.3.2. *Le plan de gestion et d'intégration de l'entreprise vendeuse (acquise)*

En plus de servir à l'évaluation de l'entreprise sous examen, le modèle dynamique des facteurs d'acquisition permet à l'acquéreur d'établir le plan de gestion et d'intégration de l'entreprise vendeuse, une fois qu'elle sera acquise, et ce, *avant* la conclusion de la transaction, c'est-à-dire au moment même de son évaluation.

En ce sens, l'examen de l'entreprise vendeuse assure la récolte d'informations indispensables à la connaissance de cette entreprise et à la formulation d'un plan de gestion. Par exemple et d'une façon particulière, il ne devrait exister aucun relâchement dans la gestion. La question classique : « Qui est le patron ici ? » (*Who is in charge here now ?*) devrait recevoir une réponse précise et immédiate. Qui plus est, elle ne devrait même pas être posée par le personnel de l'entreprise acquise. Au moment où la gestion doit être le plus efficace, ce n'est pas le temps de l'affaiblir par un « relâchement administratif » ou, plus précisément, par un manque de leadership de la part de l'entreprise acheteuse (compte tenu du degré de contrôle acquis).

De même, c'est au cours de l'évaluation de l'entreprise vendeuse qu'on devrait élaborer son plan d'intégration, du moins dans les grandes lignes, quitte à développer certains points de ce plan ultérieurement. En cette matière, une planification et une stratégie de mise en œuvre sont des plus essentielles à la réussite, comme nous l'avons signalé. Encore une fois, les données recueillies au cours de l'évaluation de l'entreprise peuvent servir à la formulation adéquate du plan d'intégration.

CHAPITRE 5

LE DÉROULEMENT DE L'EXAMEN DE L'ENTREPRISE VENDEUSE

L'examen de l'entreprise vendeuse peut être abordé de diverses façons ; le modèle dynamique des facteurs d'acquisition laisse bien de la latitude à cet égard. Reprenant les deux subdivisions du modèle, nous ferons d'abord l'exposé de l'examen de l'entreprise vendeuse pour faire place ensuite aux facteurs généraux d'acquisition, puis aux facteurs spécifiques d'acquisition.

Nous tracerons à larges traits le processus à suivre et les principaux points à considérer, de façon à présenter une vue d'ensemble. Les troisième et quatrième parties de l'ouvrage, portant respectivement sur les facteurs généraux et les facteurs spécifiques d'acquisition, détailleront le contenu de l'examen ; elles viendront ainsi compléter ce tour d'horizon en précisant le cadre de l'évaluation de l'entreprise. Ce scénario nous permettra de rendre compte du déroulement de l'examen, d'une façon réaliste.

5.1. L'examen des facteurs généraux d'acquisition

Examinons donc les facteurs qui, au cours de l'évaluation, servent principalement à décider si oui ou non l'entreprise vendeuse pourra être acquise. Les facteurs généraux sont traités successivement dans l'ordre suivant : les réseaux de facteurs stratégiques, financiers, reliés aux ressources humaines et administratifs. À l'intérieur de chacun des réseaux, l'examen des facteurs généraux d'acquisition s'articule autour des trois perspectives définies, soit : l'examen de la situation présente de l'entreprise vendeuse, l'examen de sa situation future, après l'acquisition et l'examen des liens à établir avec cette entreprise, advenant l'acquisition. Notons que dans la troisième partie, qui décrit en détail les facteurs généraux, nous utiliserons le même ordre de présentation.

5.1.1. *Le réseau de facteurs stratégiques*

Dans l'examen de la situation présente de l'entreprise vendeuse, l'entreprise acheteuse s'assure de l'existence d'une certaine stabilité sociale et politique et elle évalue les risques de la transaction sous cet angle. Elle analyse la place actuelle de l'entreprise vendeuse sur son marché, ainsi que les raisons de cette position. Enfin, elle s'interroge sur la position technologique de l'entreprise vendeuse (James, 1984).

Pour établir la situation future de l'entreprise vendeuse, l'état et les tendances de l'économie de même que les prévisions de l'industrie servent de base à l'examen. En dépit de leurs limites, les prévisions peuvent aider à saisir l'environnement économique dans lequel évolue l'entreprise vendeuse (Wallner et Terrence, 1984). À tout le moins, l'entreprise acheteuse doit se préoccuper, dès cette étape, du maintien de la clientèle et des approvisionnements de l'entreprise vendeuse.

Dans l'examen des liens à établir, les aspects stratégiques s'articulent autour des objectifs économiques visés par l'acquisition. On se demande si l'entreprise vendeuse permettra, de fait, la réalisation de l'intégration (verticale ou horizontale) ou de la diversification souhaitée dans le plan d'acquisition. À ce moment-ci de l'examen, l'entreprise acheteuse est en mesure de préciser concrètement la nature des liens économiques à établir et leur portée, à plus ou moins long terme.

Si, après cette analyse, l'entreprise vendeuse présente suffisamment d'intérêt, on poursuit par l'examen des aspects financiers.

5.1.2. *Le réseau de facteurs financiers*

Dans l'examen de la situation présente de l'entreprise vendeuse, le premier point à considérer est l'analyse des besoins et des sources de fonds. L'entreprise acheteuse se préoccupe d'assurer l'équilibre entre les besoins et les sources de fonds de l'entreprise vendeuse (éventuellement acquise) et ses propres besoins et sources de fonds (Kitching, 1973). Par exemple, l'entreprise acheteuse peut viser l'acquisition d'une entreprise en croissance qui génère des fonds afin de financer son propre développement ou d'autres acquisitions éventuelles. Elle peut aussi viser l'acquisition d'une entreprise qui est une utilisatrice actuelle de fonds mais qui possède un potentiel appréciable de développement, si elle dispose elle-même de fonds. L'entreprise acheteuse peut aussi opter pour l'acquisition d'une entreprise en difficulté si elle prévoit pouvoir redresser la situation (Gallinger, 1982; Hofer, 1980; Kusewitt, 1985). Selon ses propres ressources et objectifs, l'entreprise acheteuse doit vérifier si l'entreprise vendeuse lui permettra d'atteindre un équilibre dans la provenance et l'utilisation de fonds.

Un autre point vers lequel se porte l'attention de l'entreprise acheteuse est la capacité de rentabilité de l'entreprise vendeuse. Celle-ci a-t-elle la capacité de produire des revenus, des bénéfices? Conservera-t-elle ou améliorera-t-elle cette capacité? Voilà quelques-unes des principales interrogations qui se posent lors de l'acquisition. Pour examiner la capacité de rentabilité, on recourt à divers éléments dont: le taux minimal de rendement, la performance, la situation des secteurs d'activités (Campbell, 1984; Rappaport, 1979).

On passe ensuite à l'analyse de la situation fiscale de l'entreprise vendeuse, ce qui permettra à l'entreprise acheteuse de prévoir si elle pourra exercer une certaine maîtrise sur les dépenses fiscales de l'entreprise éventuellement acquise (Morin et Chippendale, 1970). Habituellement, les clauses du contrat d'achat assurent la protection juridique en matière d'impôt; on se protège ainsi contre une nouvelle cotisation couvrant les exercices financiers antérieurs à l'acquisition. Cela dit, dans la décision d'acquérir une entreprise, les avantages fiscaux n'interviennent généralement que de façon secondaire et marginale. En d'autres termes, même si l'acquisition est souhaitée pour d'autres raisons, l'entreprise acheteuse peut aussi songer à tirer parti d'avantages fiscaux.

Dans la détermination des besoins et des sources de fonds, la préoccupation de l'acquéreur doit nécessairement dépasser l'immédiat, pour s'étendre à une perspective à plus long terme. Ainsi, dans l'examen de la situation future de l'entreprise vendeuse, ces facteurs sont-ils considérés à nouveau sous cet angle.

Enfin, dans l'examen des liens à établir, on se soucie de l'impact de l'acquisition sur divers aspects financiers, notamment : sur la rentabilité, la réalisation d'économies d'échelle, les bénéfices, les fonds autogénérés et l'encaisse. L'acquéreur évalue les effets de l'acquisition sur la structure financière, la capacité d'emprunt, le bénéfice par action, le paiement de dividendes (Kitching, 1973).

En bref, une entreprise vendeuse intéressante est celle qui complète les besoins et les sources de fonds, actuels et éventuels, de l'acquéreur, qui présente une capacité de rentabilité satisfaisante et une situation fiscale estimée acceptable ; en somme, une entreprise dont l'acquisition peut exercer un impact financier positif sur l'entreprise acheteuse.

Si tel est le cas, on procédera ensuite à l'examen des aspects reliés aux ressources humaines à l'aide du réseau de facteurs correspondant.

5.1.3. *Le réseau de facteurs reliés aux ressources humaines*

Dans l'examen de la situation présente de l'entreprise vendeuse, plusieurs aspects reliés aux ressources humaines reçoivent considération. En somme, on porte intérêt au personnel qui assure la production de services ou de biens, car sa contribution est nécessaire au maintien et à la poursuite des activités de l'entreprise (Pinoteau, 1967).

Même si les résultats financiers fournissent des indices sur la compétence des gestionnaires, on doit absolument examiner la compétence comme telle. Nombre d'auteurs insistent sur ce point (entre autres, Kitching, 1967, 1974 ; Terry, 1980 ; Wallner, 1979, 1980). Il s'agit en quelque sorte de s'assurer que l'entreprise vendeuse a été effectivement bien gérée et de déceler les habiletés particulières en gestion.

Habituellement, une attitude positive de la part des gestionnaires à l'égard de l'acquisition devient un atout qui peut mener à la conclusion de l'entente. Si les gestionnaires demeurent en place après l'acquisition, leur compétence et une attitude positive sont essentielles à la réussite de l'acquisition.

L'état des relations de travail et le climat de travail servent aussi d'indices pour connaître la compétence des gestionnaires. À la limite, des relations de travail difficiles ou un climat de travail malsain peuvent conduire à l'élimination de l'entreprise examinée. C'est pourquoi on évaluera avec soin l'évolution possible des relations de travail.

Dans l'examen de la situation future de l'entreprise vendeuse, l'attention se porte sur la convention collective et les gestionnaires, une fois de plus. D'une part, on se pose les questions suivantes : Quelle atmosphère entourera le renouvellement de la convention collective ? Quelles sont les possibilités que ce renouvellement se fasse sans arrêt de travail (grève ou lock-out), sans heurts ? Quelles modifications pourraient être proposées au syndicat et quelles sont les possibilités qu'elles soient acceptées, maintenant ou au cours de la négociation ?

D'autre part, on envisage la question du maintien ou du remplacement éventuel des gestionnaires. Leur compétence et leur motivation, leur capacité d'adaptation au nouveau contexte de gestion et de marché, les répercussions du contrat d'acquisition (ou des contrats d'emploi) sur leurs comportements sont à considérer.

L'entreprise acheteuse avisée se soucie des répercussions de l'acquisition sur son propre personnel et sur le personnel de l'entreprise éventuellement acquise (Marks, 1982). Aussi, lors de l'examen des liens à établir entre les deux entreprises, on doit porter attention au maintien du moral des employés de cette entreprise et examiner la possibilité d'un transfert des problèmes de relations de travail d'une entreprise à l'autre.

Elle se préoccupe, en outre, d'intégrer les ressources humaines, ou tout au moins de développer le sentiment d'appartenance du « nouveau personnel », en particulier dans les cas de fusion. À cet égard, la mobilité du personnel figure parmi les principaux moyens d'y parvenir.

De plus, elle s'assure de la compatibilité de gestion des deux entreprises, c'est-à-dire de la compatibilité entre les membres du personnel de direction et entre la philosophie de gestion des deux entreprises. Il s'agit là encore d'un facteur déterminant de la réussite de l'acquisition, bien que la compatibilité puisse être de degrés variables (Fishman, 1984 ; MacDougall et Malek, 1970 ; Mintern, 1972 ; Segnar, 1985).

Enfin, la considération des facteurs administratifs vient compléter l'examen des facteurs généraux d'acquisition.

5.1.4. *Le réseau de facteurs administratifs*

En ce qui concerne les aspects administratifs, dans l'examen de la situation présente, on s'attarde au contrôle interne, et ce, pour deux raisons : dans l'immédiat, la qualité du contrôle interne est un indice de la compétence des gestionnaires ; de plus, l'examen du contrôle interne permet à l'entreprise acheteuse de recueillir les informations nécessaires à la mise en place du contrôle après l'acquisition (Alberts et Segall, 1974 ; Arnold, 1970 ; Jones, 1983, 1985, 1985a ; Kitching, 1973).

Dans l'examen de la situation future, on aborde la question de la composition du conseil d'administration. On se soucie de la présence des actionnaires minoritaires et du rôle qu'ils pourraient remplir éventuellement. Toutefois, à part cet élément-ci, il semble qu'on laisse aux gestionnaires qui seront en place après l'acquisition le soin de s'occuper des aspects administratifs.

Connaître les attentes mutuelles et favoriser leur expression, éviter les actions unilatérales : tels sont les éléments qui contribuent à créer un climat de confiance entre les deux entreprises, acheteuse et vendeuse (Arnold, 1970 ; Harvey et Newgarden, 1969 ; Leighton et Tod, 1969), et qui retiennent l'attention dans l'examen des liens à établir. Pour compléter l'examen des liens à établir entre les deux entreprises, on s'intéresse à la complémentarité spécifique, et ce, quel que soit le degré d'autonomie qu'on laissera à l'entreprise une fois acquise. En contrepartie, les avantages probables de l'intégration spécifique (économies d'échelle, rationalisation, etc.) sont mis en parallèle avec les possibilités qu'offre la « non-complémentarité » de certains éléments, compte tenu des objectifs de l'entreprise acheteuse et de son plan stratégique. Précisons qu'il s'agit d'une complémentarité portant sur des points précis susceptibles de faire l'objet d'une évaluation et non pas d'une complémentarité globale, imprécise ou éventuelle.

Vaut-il la peine d'acquérir l'entreprise vendeuse ? Après l'examen des facteurs généraux d'acquisition, mis en correspondance avec le plan d'acquisition, l'entreprise acheteuse est en mesure de répondre à cette question.

Si l'acquisition de l'entreprise vendeuse présente un intérêt suffisant pour l'acquéreur potentiel, l'examen des facteurs spécifiques lui permettra d'en déterminer le prix ou, plus justement, un éventail de prix acceptables. Bien sûr, la considération des facteurs généraux et celle des facteurs spécifiques peuvent se chevaucher, de même que l'évaluation de l'entreprise vendeuse et la négociation du prix d'acquisition.

5.2. L'examen des facteurs spécifiques d'acquisition

Examinant successivement les réseaux de facteurs financiers et les réseaux de facteurs autres que financiers — stratégiques, reliés aux ressources humaines et administratifs —, passons en revue les facteurs spécifiques d'acquisition, lesquels servent principalement à déterminer le prix (ou les prix possibles) d'acquisition.

5.2.1. *Le réseau de facteurs financiers*

Dans l'examen de la situation présente de l'entreprise vendeuse, l'étude des facteurs financiers repose sur l'analyse financière et l'évaluation financière (Campbell, 1975, 1984 ; Morin et Chippindale, 1970 ; Sylvain, 1982).

En premier lieu, l'analyse financière doit présenter le portrait global de l'entreprise vendeuse, comme il est usuel de faire. Cette analyse met en lumière les faits marquants de l'exercice financier en cours et des exercices antérieurs (des cinq dernières années généralement). Elle comporte aussi des prévisions pour quelques années suivant l'acquisition.

Les éléments particuliers qui ressortent de l'analyse financière, telle la rotation lente des comptes-clients ou des stocks, doivent ensuite faire l'objet d'une attention spéciale. De plus, on examine avec soin les données reliées au passif et à l'achalandage. Selon le type d'entreprise (et la nature de la transaction), l'importance des immobilisations peut varier. Cependant, les montants qu'elles impliquent et leur caractère d'éléments à long terme en font des aspects à envisager dans la détermination du prix d'acquisition.

L'entreprise acheteuse se demande si elle sera en mesure de remédier à certaines situations défavorables, par exemple : le manque de liquidités, le coût trop élevé du produit, etc. Poser les « bonnes » questions et être en mesure de juger si l'on reçoit les « bonnes » réponses, voilà une autre facette de l'examen d'une entreprise. Par ailleurs, les données recueillies permettront à la direction de donner des directives à l'équipe de gestion, une fois l'entreprise acquise, et ce, au moment opportun, sans délais indus.

Le pronostic de rentabilité est un aspect qui peut intervenir dans la décision d'acquisition et influer sur le prix d'acquisition. Bien que le mode d'établissement de ce pronostic puisse varier, deux points principaux en ressortent : l'historique et les prévisions des bénéfices, ainsi que le potentiel de bénéfices supérieurs au rendement normal. Plus spécifiquement, il peut s'agir de l'historique des bénéfices représentatifs et de leurs tendances. Si l'on estime possible de réaliser des bénéfices supérieurs au rendement normal, on peut attribuer un prix supérieur à l'entreprise vendeuse, en raison de sa rentabilité future. Dans le cas contraire, on lui attribue un prix inférieur.

Enfin, l'établissement du prix plafond à l'aide de l'évaluation financière vient compléter la considération des aspects financiers (Campbell, 1975, 1984).

Dans l'examen de la situation future de l'entreprise vendeuse, le facteur à considérer est l'impact financier de l'acquisition sur cette entreprise. L'entreprise acheteuse se penche sur l'avenir même de l'entreprise sous examen. Cette entreprise pourra-t-elle obtenir de meilleurs résultats à la suite, par exemple, d'une augmentation de ses ventes ou d'une diminution de ses coûts ? Pourra-t-elle se financer à meilleur compte ? Se développer ?

Dans la perspective des liens à établir avec l'entreprise vendeuse après son acquisition, on s'interroge sur l'intégration spécifique. Qu'est-ce que l'on veut (et l'on peut) intégrer spécifiquement ? Peut-on y procéder efficacement ? Pourra-t-on effectivement réaliser l'intégration prévue ? Il n'est pas toujours simple de répondre à ces questions. Néanmoins, on doit se les poser... L'entreprise acheteuse devrait, à tout le moins, être capable d'exprimer clairement sa position à ce sujet. L'intégration spécifique, que ce soit d'activités, de secteurs ou de divisions, peut permettre d'anticiper des avantages éventuels et influer sur la valeur de l'entreprise vendeuse.

5.2.2. *Les réseaux de facteurs autres que financiers*

A. — *Le réseau de facteurs stratégiques*

Un seul aspect stratégique intervient dans la détermination du prix, soit la capacité de croissance. Lors de l'examen de la situation présente de l'entreprise vendeuse, on étudie les données du marché actuel et les prévisions du marché futur (les anticipations), et l'on s'interroge sur le potentiel de développement de l'entreprise vendeuse. En quelque sorte, on veut s'assurer de la durabilité de l'entreprise, non seulement de sa survie, mais aussi de son développement. Cette préoccupation correspond tout à fait à la dynamique de l'acquisition qui représente, sauf exception, un investissement à long terme.

Toutes choses égales d'ailleurs, une entreprise qui possède un « bon » potentiel de croissance dispose là d'un argument favorable à l'obtention d'un prix supérieur. Cela dit, bien que ce facteur stratégique soit un atout, d'autres facteurs spécifiques entrent en ligne de compte dans l'évaluation d'une entreprise.

B. — *Le réseau de facteurs reliés aux ressources humaines*

Dans l'examen de la situation présente de l'entreprise vendeuse, l'entreprise acheteuse s'intéresse à certains aspects reliés aux ressources humaines et, en général, aux activités de ces ressources. On porte une attention particulière aux ressources humaines qui occupent des « postes stratégiques » : le personnel clé, les spécialistes, les techniciens et techniciennes, les gestionnaires de projets et autres ressources.

En ce qui a trait aux gestionnaires en place dans l'entreprise vendeuse, l'examen de leur compétence retient l'attention d'une façon particulière. Par exemple, on peut se demander s'il y a lieu de leur verser une prime en rapport avec leur compétence, notamment chez ceux et celles qui détiennent un poste stratégique.

Quant à la rémunération, on s'attarde d'abord à son aspect comparatif. Ainsi, on compare les niveaux de rémunération avec ceux de l'industrie, afin de s'assurer que l'entreprise vendeuse est compétitive.

On se penche ensuite sur la question du maintien des gestionnaires en place, dans la perspective de la situation future de l'entreprise vendeuse. Primes (de maintien ou de départ), contrats d'emploi et divers avantages peuvent en résulter.

Les problèmes prévisibles des relations de travail peuvent contribuer à réduire la valeur de l'entreprise vendeuse, tout comme ils peuvent conduire à la rupture de la négociation, si on les estime majeurs. Aussi, doit-on considérer ces problèmes attentivement.

Dans la perspective des liens à établir avec l'entreprise vendeuse, on se préoccupe de l'intégration des gestionnaires. Établir une stratégie à cette fin et en évaluer les coûts : tels sont les deux aspects principaux à considérer.

Enfin, on prend en considération la compatibilité des avantages sociaux. Somme toute, on tente de prévoir quel sera l'impact de l'acquisition et l'on envisage des modalités en vue de changements éventuels, le cas échéant.

C. — *Le réseau de facteurs administratifs*

L'entreprise vendeuse est-elle indépendante économiquement ? Quels droits et obligations découlent des permis qu'elle détient ou des contrats qu'elle a signés ? Existe-t-il des transactions conclues entre personnes apparentées ? Qui sont ses « gros clients », ses principaux fournisseurs ? Voilà quelques exemples parmi les questions qu'on se pose lors de l'examen de la situation présente et qui peuvent permettre de déceler la vulnérabilité de l'entreprise vendeuse et les possibilités d'entrave à sa gestion (Campbell, 1984 ; Morin et Chippindale, 1970). L'acquisition d'une entreprise en situation de dépendance rend la transaction plus risquée, aussi le prix d'acquisition peut-il être diminué en conséquence, ou même la négociation peut-elle être rompue.

Dans la perspective de « l'après-acquisition », on s'interroge sur la poursuite des activités d'exploitation et sur leur développement. C'est là une question qui influe généralement sur la détermination du prix d'acquisition. En général, une entreprise en « bonne santé » et ayant de l'avenir commande un prix plus élevé qu'une entreprise présentant des difficultés et, en particulier, celle dont l'avenir s'annonce plutôt sombre.

Dans l'examen des liens à établir, aucun facteur particulier ne ressort. Cependant, certains aspects administratifs peuvent être reliés à l'intégration spécifique (économies d'échelle, rationalisation, etc.). Aussi ces aspects sont-ils traités dans le réseau de facteurs financiers.

TROISIÈME PARTIE

LES FACTEURS GÉNÉRAUX D'ACQUISITION

SOMMAIRE SCHÉMATIQUE

LES FACTEURS GÉNÉRAUX D'ACQUISITION

Chapitre 6. LES FACTEURS STRATÉGIQUES

6.1. L'examen de la situation présente de l'entreprise vendeuse
- 6.1.1. Les aspects sociopolitiques
- 6.1.2. La position stratégique
- 6.1.3. Les aspects technologiques

6.2. L'examen de la situation future de l'entreprise vendeuse
- 6.2.1. Les aspects économiques
- 6.2.2. Les clients et les fournisseurs

6.3. L'examen des liens à établir entre les deux entreprises, acheteuse et vendeuse
- 6.3.1. Les objectifs économiques de l'acquisition

Chapitre 7. LES FACTEURS FINANCIERS

7.1. L'examen de la situation présente de l'entreprise vendeuse
- 7.1.1. Les besoins et les sources actuels de fonds
- 7.1.2. La capacité de rentabilité
- 7.1.3. La situation fiscale

7.2. L'examen de la situation future de l'entreprise vendeuse
- 7.2.1. Les besoins et les sources éventuels de fonds

7.3. L'examen des liens à établir entre les deux entreprises, acheteuse et vendeuse
- 7.3.1. L'impact financier sur l'entreprise acheteuse

Chapitre 8. LES FACTEURS RELIÉS AUX RESSOURCES HUMAINES

8.1. L'examen de la situation présente de l'entreprise vendeuse
- 8.1.1. La compétence des gestionnaires et leur attitude par rapport à l'acquisition
- 8.1.2. La présence et la qualité des spécialistes
- 8.1.3. L'état et l'évolution du climat de travail

8.2. L'examen de la situation future de l'entreprise vendeuse
- 8.2.1. Le maintien des gestionnaires
- 8.2.2. Le remplacement des gestionnaires
- 8.2.3. Le renouvellement de la convention collective

8.3. L'examen des liens à établir entre les deux entreprises, acheteuse et vendeuse
- 8.3.1. La compatibilité de gestion
- 8.3.2. Les répercussions de l'acquisition sur le personnel
- 8.3.3. L'intégration des ressources humaines

Chapitre 9. LES FACTEURS ADMINISTRATIFS

9.1. L'examen de la situation présente de l'entreprise vendeuse
- 9.1.1. Le contrôle interne

9.2. L'examen de la situation future de l'entreprise vendeuse
- 9.2.1. Les actionnaires minoritaires

9.3. L'examen des liens à établir entre les deux entreprises, acheteuse et vendeuse
- 9.3.1. Les attentes mutuelles
- 9.3.2. La complémentarité spécifique

CHAPITRE 6

LES FACTEURS STRATÉGIQUES

L'acquisition étant un moyen d'expansion externe, on considère, dans un premier temps, les possibilités et les limites de l'environnement. Lors de la sélection d'entreprises cibles, l'entreprise acheteuse avisée y situe les entreprises cibles potentielles et confronte le tout à son plan d'acquisition.

Au début de l'évaluation de l'entreprise retenue en vue d'une acquisition, l'entreprise acheteuse revoit sa position sur le sujet et s'applique à connaître l'environnement immédiat de l'entreprise vendeuse. D'une part, avant d'entreprendre le processus d'évaluation, elle s'assure qu'elle a effectué un «bon choix» et ne devrait pas hésiter à faire marche arrière si nécessaire; mieux vaut se rendre compte de son erreur dès ce moment-ci que plus tard au cours du processus, ou même trop tard. D'autre part, les données relatives à l'environnement global (un pays, par exemple) sont complétées par des données concernant l'environnement de l'entreprise vendeuse (une province, une région, une ville, par exemple), avec lequel elle interagit généralement au premier chef (James, 1984).

6.1. L'examen de la situation présente de l'entreprise vendeuse

Pour cerner la situation présente de l'entreprise vendeuse, on pose nécessairement les trois questions suivantes : quels aspects sociopolitiques entourent cette entreprise ? Quelle est sa position stratégique ? Qu'en est-il de sa technologie ?

6.1.1. *Les aspects sociopolitiques*

L'entreprise acheteuse s'applique à connaître le milieu sociopolitique de l'entreprise vendeuse. Cette préoccupation s'inscrit au cœur même de la stratégie d'acquisition, et ce, qu'il s'agisse d'une transaction sur le marché intérieur ou à l'échelle internationale. À maints égards, la différence culturelle n'est pas le moindre des achoppements. Par ailleurs, « l'impression » de connaître et « l'impression » de comprendre ne constituent pas le moindre des leurres (Kitching, 1973).

Bref, on cherche à connaître les organismes sociopolitiques, les us et coutumes, la culture et autres dimensions qui forment le milieu immédiat de l'entreprise vendeuse et dont il faudra tenir compte (Bradley et Korn, 1981).

- Par exemple, on peut se demander quel a été le poids du nationalisme économique français ou quelle a été l'incidence du contentieux des pêches entre la France et le Canada, dans la perte de La Chapelle Darblay par Cascades en 1988 ? Malgré tout, il y a lieu de penser que Cascades a pris en ligne de compte le milieu sociopolitique et le milieu immédiat de cette entreprise dans ses démarches en vue de l'acquérir, du moins si l'on se fie aux réactions favorables de la presse française.

Dans certains cas d'acquisition, la réglementation peut constituer une donnée notable, dont on doit tenir compte et examiner les tendances (Bradley et Korn, 1981 ; HEC, 1981).

- À titre d'exemple, rappelons que Ciment Québec, une entreprise familiale, s'est vue confrontée à la législation fiscale de l'État de Washington dans son projet d'y exploiter une carrière de pierre à chaux. Elle aurait été surprise par le nombre de permis nécessaires et par les contraintes bureaucratiques américaines.

Au Canada même, on peut relever des différences entre les provinces et même entre les régions d'une même province.

On sait, par exemple, que les grandes firmes d'ingénierie, Lavalin et SNC notamment, ont acquis de l'expertise dans les transactions internationales ; elles peuvent donc faire cavalier seul dans ce domaine. Mais si ce n'est pas le cas, une entreprise acheteuse aurait sans doute avantage à faire appel à des experts au moment de l'évaluation de la transaction.

Il faut dire que l'importance de la réglementation, compte tenu de ses exigences et de ses coûts, peut varier selon le secteur économique ; toutefois, la réglementation n'est généralement pas un élément primordial dans la décision d'acquisition, car elle est la même pour toutes les entreprises d'un même secteur. Il reste que l'entreprise acheteuse a tout intérêt à connaître la réglementation et à en tenir compte afin de se comporter, à tout le moins, en « bonne citoyenne corporative ».

Cela dit, toutes les entreprises d'un même secteur ne sont pas également sensibles à la réglementation. Par exemple, l'opposition de Jean Coutu à la réglementation des affaires dans le domaine pharmaceutique est notoire. Ainsi, l'expansion du Groupe Jean Coutu aux États-Unis, par le biais de sa filiale Maxi Drug, permettrait à l'entreprise de se développer dans un milieu qu'elle estime plus libéral et qui répondrait mieux à ses aspirations.

Signalons qu'à l'inverse la déréglementation peut aussi agir sur le paysage économique.

- Ainsi, le décloisonnement des activités bancaires et de courtage a suscité plusieurs transactions : la Banque de Nouvelle-Écosse a acquis McLeod Young Weir ; la Banque de Montréal, Nesbitt Thompson ; la Banque Royale, Dominion Securities ; la Banque Canadienne Impériale, Wood Gundy ; la Banque Nationale, Lévesque Beaubien.

- De plus, l'on sait que la déréglementation récente du transport routier a conduit à une consolidation de cette industrie.

Dans le même ordre d'idées, n'y aurait-il pas lieu d'examiner les points spécifiques de l'accord de libre-échange entre le Canada et les États-Unis, pour en connaître l'incidence sur une acquisition éventuelle ?

L'abolition des barrières non tarifaires de la Communauté économique européenne (CEE), vers 1992, va nécessairement changer les règles du jeu dans le marché européen. Les entreprises qui font affaire sur ce marché, ou qui veulent s'y établir, feraient bien de considérer ce fait dès à présent.

- Sur ce dernier point, citons le savoir-faire démontré par Bombardier dans sa stratégie d'approche du marché européen. En effet, Bombardier participe au consortium qui détient un important contrat dans la construction des trains destinés au tunnel sous la Manche.

6.1.2. *La position stratégique*

L'examen de la position stratégique de l'entreprise vendeuse permet à l'acquéreur potentiel de connaître les ressources dont elle dispose pour contrer les pressions de la concurrence et de l'environnement (Ansoff et Branderberg, 1971; Bower, 1967; Hall et Saïas, 1980). Quelle est la part du marché de l'entreprise vendeuse (marché intérieur, marché international)? Quelle en est la taille relative? Quels sont les coûts et les avantages de sa localisation géographique (Andrews, 1980; HEC, 1981)? Qui sont ses concurrents? Qui sont ses alliés?

En général, les chances de succès de l'acquisition dépendent en partie de la part du marché ainsi acquise (Kitching, 1973). Dans le cas d'une diversification, si cette part du marché est de moins de 5%, les chances de succès sont généralement inférieures à 50%. Dans le cas d'une intégration, pour la même part de marché, soit 5%, les chances de succès augmentent à plus de 60%. À l'inverse, si l'entreprise acquiert plus de 50% du marché, ses chances de succès atteignent près de 75%. Cette position demande toutefois à être nuancée. Il est possible, en effet, qu'une entreprise acheteuse dont la position stratégique est forte puisse acquérir, sans trop de risques, les «petites parts de marché», toutes choses égales d'ailleurs. Encore une fois, à la considération globale, soit la place de l'entreprise vendeuse dans l'ensemble du marché, devrait s'ajouter la considération particulière de la place de cette entreprise dans un marché plus restreint (régional, par exemple).

L'augmentation de la part du marché que procure une acquisition est certainement l'un des éléments à évaluer dans chaque transaction. Voyons-en quelques exemples.

- Il est connu que les acquisitions de Sico s'inscrivent dans un plan quinquennal visant à augmenter ses parts du marché à l'extérieur du Québec. L'acquisition de Sterling (en juin 1987), qui a fait doubler sa part du marché dans le secteur industriel ontarien, se situe dans cette perspective de même que l'acquisition de Basfinmont (en juillet 1988).

• Avec les acquisitions de Service Ambulancier Métropolitain, Ambulances des Îles et Ambulances Pellberge, Lépine-Cloutier a vu sa part du marché ambulancier de la région de Montréal passer à 25 %.

• Dans le cas de Québécor, ce sont des acquisitions successives qui lui ont permis de dominer son marché ou, du moins, d'y occuper une place prépondérante.

Il importe aussi que l'entreprise vendeuse ne soit pas « trop petite » (Kitching, 1967). Si le pourcentage de ses ventes par rapport à celles de l'entreprise acheteuse représente moins de 1 %, les chances de succès de l'acquisition peuvent être inférieures à 50 %.

Le point déterminant du succès semble relié fondamentalement à l'attention accordée à l'entreprise acquise. Si le temps qu'elle requiert est démesuré par rapport aux ventes qu'elle représente, il semble que la haute direction de l'entreprise acheteuse soit portée à s'en désintéresser et ait tendance à « passer le dossier » à un cadre subalterne. Inversement, une attention plus grande accordée à l'entreprise acquise contribuerait au succès de l'acquisition.

• Par exemple, Locam, entreprise spécialisée dans la location de camions, représentait 4 % de l'actif de Crédit industriel Desjardins (CTD) et lui occasionnait, vraisemblablement, 96 % de ses problèmes. Selon un dirigeant de CID, la difficulté de rentabiliser cette entreprise, relativement petite, venait des activités d'entretien mécanique des camions en location. Aussi, CID s'est-elle départie de Locam en 1988 (acquise pour 2,35 millions de dollars en 1985) pour la somme symbolique d'un dollar, payée par un entrepreneur de la région de Beauharnois.

À l'opposé, l'entreprise vendeuse ne doit pas être « trop grande » non plus. Toutefois, dans ce cas, le problème de la taille relative est moins épineux, car la capacité de financement (interne ou sur le marché des capitaux) sert habituellement à indiquer la taille maximale limite que peut atteindre l'entreprise vendeuse, servant ainsi de cran d'arrêt.

Enfin, notons que la taille de l'entreprise est généralement prise en considération lors du choix initial de l'entreprise vendeuse ;

il n'en demeure pas moins qu'au moment de l'évaluation, il est souhaitable de considérer à nouveau ce facteur et de s'assurer que l'on voudra et pourra accorder à l'entreprise acquise dans ce cas toute l'attention nécessaire, même si le temps requis est disproportionné par rapport à sa taille.

Voyons quelques exemples.

- En 1967, Jeannine Guillevin Wood effectuait sa première acquisition d'entreprise, un petit magasin d'appareils électriques à Trois-Rivières, en vue de le transformer en une succursale. Ce fut aussi une occasion d'expérimenter une manière d'aborder une acquisition, une occasion d'apprentissage. Sans vouloir généraliser outre mesure, nous pensons que ce cheminement serait également profitable à des entreprises qui n'ont pas d'expérience en matière d'acquisition.

- Pour sa part, l'entreprise Jannock Limited, fabricant torontois de briques spécialisé aussi dans les produits d'acier et le sucre (Lantic), s'est donné une politique d'acquisitions de petites entreprises, avec des participations de l'ordre de 50 %. Pour ce faire, elle mise sur son apport financier et sur la compétence des entreprises acquises.

- Il existe des cas d'exception à cette question de la « taille idéale », par exemple l'acquisition de Téléglobe Canada, un géant des télécommunications internationales, par une entreprise beaucoup plus petite, Memotec Data (en 1987). Il faut dire que celle-ci trouve un large appui financier auprès de deux firmes spécialisées dans le capital de risque, Altamira et Novacap, lesquels comptent parmi leurs actionnaires d'importants fonds de retraite, banques et compagnies.

La structure même du marché peut inciter à l'acquisition de « petites parts » et permettre à l'entreprise acheteuse de contrôler progressivement une large part du marché. Pour illustrer cette situation, prenons ici deux exemples.

- Réalisant le potentiel de l'industrie de la radiocommunication au Québec et au Canada — formée, d'une part, de nombreuses petites entreprises dispersées et, d'autre part, de grandes entreprises telles Générale Électrique, Motorola et TAS Pagette —, Télésystème eut alors l'idée de rassembler les petites entreprises afin, somme toute, d'en faire une grande. Ce plan de développement a procuré à l'entreprise une place enviable sur le marché : l'acquisition de petites entreprises et celle de TAS Pagette. Dès 1986, Télésystème occupait le quatrième rang des entreprises de radiocommunication, d'interconnection et de téléavertisseurs en Amérique du Nord.

• Pour Roctest, une petite entreprise spécialisée dans les instruments de mesure de haute technologie utilisés en géotechnique et réalisant trois millions de dollars de ventes, l'acquisition d'Irad Gage, avec son million de dollars de ventes, représentait un apport intéressant. Ajoutons que, dans son secteur, Roctest occupe le troisième rang au monde, son chiffre d'affaires représentant la moitié de celui du leader dans le domaine.

Généralement, l'entreprise acheteuse se dirige vers des entreprises plus petites ou de grandeur assez égale à sa taille. Dans un cas comme dans l'autre, l'engagement de la haute direction, une base solide de financement, de même qu'une gestion adéquate constituent des atouts notables, voire indispensables.

Comme nous l'avons signalé, la localisation géographique peut être un facteur important de la viabilité d'une entreprise et même de sa prospérité, compte tenu notamment des frais de transport, de la disponibilité, de la qualification et du coût de la main-d'œuvre, de l'accessibilité du marché, etc. (Pinoteau, 1967). Dans certaines transactions, ce facteur peut être relié, par exemple, à l'obtention de contrats. Dans d'autres cas, c'est notamment la nécessité d'être sur place qui motive l'entreprise acheteuse à acquérir une entreprise locale. Ainsi, en plus d'être prise en considération dans le choix de l'entreprise cible, la localisation géographique est aussi un élément analysé dans l'évaluation de cette entreprise. À cette fin, elle sert à déterminer les coûts et avantages économiques d'une acquisition éventuelle, et peut intervenir dans des décisions touchant, par exemple, la répartition d'un territoire de ventes ou la rationalisation des opérations.

6.1.3. *Les aspects technologiques*

Tout d'abord, demandons-nous ce qu'il faut entendre par technologie (Barreyre, 1980). S'agit-il de l'équipement ? Des phases de la production ? Du savoir-faire ? Devons-nous associer l'innovation et la technologie, comme il est courant de le faire et bien qu'il puisse exister une distinction entre les deux ? Les auteurs sont encore loin de l'unanimité à ce sujet. Néanmoins, pour les besoins de la discussion, la technologie peut être définie comme un ensemble formé d'éléments matériels, de connaissances et d'habiletés ainsi que des activités de gestion correspondantes (Jelinek *et al.*, 1981).

Pour faire face à la concurrence qui « s'internationalise » de plus en plus et se répercute sur le marché intérieur, l'entreprise peut vouloir s'orienter vers une nouvelle technologie (HEC, 1981 ; Quinn, 1979), laquelle peut avoir, dans certains cas, un effet « moteur » sur la croissance et le développement de l'entreprise : elle peut contribuer à assurer sa survie, sa vitalité et son dynamisme face à la concurrence. Il en est souvent ainsi (ou mieux, il devrait toujours en être ainsi), quels que soient la grandeur de l'entreprise et son domaine d'activités, traditionnelles ou de pointe.

L'acquisition peut être un moyen d'accéder à de nouvelles technologies, un moyen parmi d'autres. À cet égard, l'entreprise acheteuse doit s'assurer qu'il s'agit du moyen le plus approprié, eu égard aux circonstances. Si l'acquisition est retenue, il est essentiel qu'on prévoie un plan d'intégration avant l'acquisition et qu'on assure un suivi après l'acquisition. La sélection de mesures adéquates pour rendre effectif l'accès à la technologie est effectivement indispensable, car la réalisation de la synergie technologique présente généralement certaines difficultés et comporte des exigences. L'une des barrières au transfert de la technologie est ce qu'on peut appeler le « NIH », (*Not invented here*, Kitching, 1973).

En somme, d'une façon pragmatique, l'entreprise acheteuse se demande s'il est préférable d'acheter l'entreprise entière pour avoir accès à sa technologie ou d'en acheter la technologie seulement (droits, brevets, etc.), si cette option est possible.

- Mentionnons, à titre d'exemple, l'acquisition par Sico de la technologie et de l'expertise de Basfinmont, société ontarienne spécialisée dans le domaine du revêtement continu et des résines industrielles (en juillet 1988).

Par ailleurs, lorsqu'on projette d'acquérir une entreprise, on examine sa technologie et vérifie si elle est actuelle ou dépassée, ou sur le point de l'être. En d'autres termes, on doit agir prudemment en faisant « dater » la technologie et en se renseignant sur la technologie de pointe qui est disponible ou le sera sous peu, et ce, en vue de mettre l'accent sur l'avantage comparatif que peut procurer la technologie. Mais par-dessus tout, il faut savoir qu'une stratégie durable doit comporter la création de nouvelles activités porteuses d'avenir. Pour y arriver, c'est la créativité elle-même qu'on doit susciter et encourager.

À elles seules, les acquisitions d'entreprises ne pourraient y suffire (Gélinier, 1984). On tiendra compte également du fait que la technologie utilisée peut avoir des répercussions sur l'environnement (pollution de l'air, de l'eau, par exemple), entraînant par là même des investissements additionnels et des coûts élevés. Ce problème peut être un « bon motif » pour vendre... L'entreprise acheteuse avisée en est au courant et proposera un prix d'acquisition en conséquence.

Enfin, on gardera à l'esprit qu'un examen de la technologie ne saurait être complet sans celui des lois et règlements, actuels et éventuels, relatifs à ce domaine (Bodily et Gabel, 1982 ; Prince, 1969).

6.2. L'examen de la situation future de l'entreprise vendeuse

Les facteurs d'acquisition considérés dans l'examen de la situation future de l'entreprise vendeuse peuvent se regrouper autour de deux thèmes : les aspects économiques, les clients et les fournisseurs.

6.2.1. *Les aspects économiques*

Inévitablement, la décision d'acquisition est entourée d'incertitude, dont une certaine part vient de l'environnement économique. Dans toute la mesure du possible, on tente d'harmoniser les transactions avec l'état de l'économie, car le moment où l'acquisition se réalise peut concourir à son succès ou provoquer son échec (Bradley et Korn, 1981 ; Le Goc, 1976). En période d'expansion économique, l'entreprise peut profiter de l'effervescence et réaliser ses objectifs de croissance externe au moyen d'acquisitions. En période de décroissance économique, une politique de réduction des investissements et de consolidation présente moins de risques et peut mieux assurer un redéploiement des activités au moment de la reprise économique. Il est généralement admis que les années de ralentissement économique ou de crise économique sont peu propices aux activités d'acquisition (Wallner et Terrence, 1984). « L'idéal » serait qu'on puisse agir à contre-courant, c'est-à-dire acheter en période de récession et vendre en période d'expansion, mais encore faut-il en avoir les moyens !

- Ainsi, ce serait le cas d'Entreprises Bell Canada (BCE), qui a manifesté l'intention de profiter du récent krach boursier pour réaliser des acquisitions. Mais il semble que l'on ait songé aussi à revoir certains projets d'expansion.

La réalisation d'un plan d'acquisition s'étale parfois sur plusieurs années et il arrive qu'au cours de cette période la situation économique fluctue d'une façon ou d'une autre. Par conséquent, avant de s'engager plus avant dans une transaction, on aura soin de consulter les indices de l'état de l'économie et de s'informer de ses tendances. Comment s'annonce la conjoncture économique? Si elle se concrétise, quel en sera l'impact sur l'acquisition (Wallner et Terrence, 1984)? Voyons quelques exemples.

- À la suite du krach boursier du 19 octobre 1988, désigné comme le «Lundi noir», Sico aurait décidé de diminuer l'ampleur de ses projets d'acquisition, compte tenu de l'état de l'économie.

- Par contre, en 1986 et 1987, Acier Leroux profitait d'un environnement économique favorable pour faire croître l'entreprise par les voies interne et externe. D'une part, cette entreprise a investi dans l'achat d'équipements de transformation et de manutention à la fine pointe de la technologie et, d'autre part, elle a acquis l'un de ses principaux concurrents, Les Aciers Fermont.

Toutefois, à elles seules, des conditions économiques favorables ne peuvent tout expliquer. Par exemple, la croissance d'Acier Leroux serait aussi attribuable à une planification rigoureuse et à une bonne stratégie d'acquisitions.

L'entreprise acheteuse doit aussi examiner le comportement du secteur industriel de l'entreprise vendeuse afin d'en saisir la conjoncture particulière, car les mouvements de ce secteur peuvent ne pas suivre les tendances économiques générales. Il arrive que des secteurs particuliers de l'industrie connaissent une expansion ou une régression plus ou moins en rapport avec l'état de l'économie. Aussi, dans l'analyse finale, on joindra aux données de l'économie celles du secteur industriel spécifique de l'entreprise sous examen (Kitching, 1973).

Des « scénarios pour le futur » peuvent aider l'entreprise acheteuse à situer sa décision d'acquisition en regard de variables comme le taux de croissance de l'économie et le taux d'inflation. Le modèle de Bradley et Korn (1981), qui situe également l'orientation générale des relations entre le gouvernement et le monde des affaires (en regard des variables économiques), pourrait être utile à la réflexion.

Voyons maintenant des exemples.

- On sait que l'industrie des pâtes et papiers doit nécessairement s'accommoder du prix du marché de la pâte. Ainsi, Rolland Inc. a vu ses bénéfices fondre malgré une augmentation de ses ventes (en 1987). La hausse constante des prix de la pâte sur le marché et l'obligation de s'approvisionner sur le marché « spot » (international) à cause de la grève à l'usine Domtar expliqueraient de tels résultats.

- De même, l'industrie de l'acier, dans laquelle se situent notamment Canam Manac et Acier Leroux, est sensible aux fluctuations des prix de l'acier sur le marché local ou mondial. Et il en est ainsi de bien d'autres secteurs.

Pour s'informer, on peut avoir recours à nombre d'études produites par divers organismes. Par exemple, selon l'Organisation de coopération et de développement économique (OCDE), la demande d'acier dans les pays occidentaux industrialisés et membres de cet organisme devait augmenter d'au moins 3,5% en 1988 à cause de l'augmentation de l'utilisation de l'acier et de la formation de stocks.

Il existe aussi des domaines qui suivent plus ou moins l'état de l'économie, soit d'une façon habituelle ou occasionnelle. Les exemples rapportés ci-dessous servent à démontrer l'importance de considérer le secteur industriel dans l'analyse d'une transaction éventuelle.

- Roctest, concepteur et fabricant d'instruments de mesure de haute technologie utilisés en géotechnique, semble pour sa part à l'abri des fluctuations de l'économie. Ces instruments qui servent à mesurer, entre autres, la solidité des structures se vendent bon an, mal an.

- Par ailleurs, l'industrie du vêtement ne semble pas avoir suivi le raffermissement de l'état de l'économie observé depuis 1986. Wise, une chaîne de grands magasins, entendait demeurer vigilante et attentive à ce phénomène.

Les activités d'une industrie peuvent être affectées d'une façon ou d'une autre par nombre de facteurs, dont les changements démographiques, les modifications des habitudes ou des comportements de consommation. La structure d'une industrie est susceptible d'évoluer sur une période plus ou moins longue.

Ainsi, dans le domaine de l'informatique, les clients demandent de plus en plus des services complets ou des systèmes « clé en main ». Pour répondre à ces demandes et soumissionner de grands projets, des firmes ont entrepris des projets d'expansion. En voici certains exemples.

- La compagnie LGS, conseillers en informatique, a acquis Consulting Services Ltd (en 1987). Cependant, on estimait que la majeure partie de la croissance de LGS lui viendrait de sa croissance interne et, dans une moindre proportion, d'acquisitions éventuelles.

- Pour sa part, CGI a acquis en 1987 BST, l'un de ses concurrents.

6.2.2. *Les clients et les fournisseurs*

D'entrée en matière, rappelons que la clientèle est doublement un « actif ». En plus de procurer la source principale de revenus, elle peut permettre l'obtention de crédits auprès des institutions financières (Levitt, 1981-1982) à condition, bien sûr, qu'elle soit nombreuse et stable, et que la politique de crédit soit adéquate et la gestion de crédit, efficace.

Du côté positif, l'acquisition peut assurer l'accès à une clientèle déjà établie. Du côté négatif, elle peut occasionner la perte de clients qui réagissent négativement à l'acquisition, ou être concomitante d'une perte de clients déjà amorcée avant l'acquisition.

On évitera de voir dans l'acquisition l'accès passif à une clientèle, pour la considérer plutôt comme l'occasion d'accéder à une nouvelle clientèle (Kitching, 1973). Conserver la clientèle ne va pas de soi, ce n'est pas un « phénomène naturel ». Aussi l'entreprise acheteuse avisée investit-elle des efforts pour maintenir la clientèle, afin de « se faire connaître », d'affirmer son existence et son action dans l'esprit des clients et de leur présenter la valeur des produits (biens ou services) mis à leur disposition (Levitt, 1981-1982). Bref, on n'achète pas une clientèle, on acquiert le droit de la conquérir. Sans le maintien de la clientèle établie, on doit se refaire une clientèle une fois l'entreprise acquise, mais à quel prix ? Bien sûr, la position stratégique de l'entreprise vendeuse peut favoriser le maintien de la clientèle. Toutefois, il semble « plus sage » de miser sur des efforts appropriés de marketing.

Il n'est pas dit qu'une clientèle captive le demeurera éternellement! Il n'est pas dit, non plus, qu'une clientèle satisfaite ne puisse quitter l'entreprise vendeuse si, par exemple, un concurrent habile sait profiter du relâchement résultant de l'acquisition afin d'attirer cette clientèle! Pour l'entreprise acheteuse, «tout reste à faire» auprès des «nouveaux» clients, sans pour autant qu'elle ait à négliger sa propre clientèle. Aussi doit-on examiner chaque situation à son mérite et évaluer, avec discernement, le risque d'une perte de clientèle et ses conséquences probables.

Par ailleurs, le maintien des sources d'approvisionnement ne semble généralement ni un problème ni une préoccupation. En cette matière, l'entreprise acheteuse encourt peu de risques, quoiqu'elle ait avantage à réviser les sources d'approvisionnement de l'entreprise vendeuse, après l'acquisition. Selon les résultats de cet examen, elle prendra les mesures nécessaires en vue de réaliser des économies, par exemple en négociant de nouveaux prix, en changeant de fournisseurs, etc. (Kitching, 1973). L'acquisition peut notamment fournir l'occasion à l'acheteur d'établir avec les fournisseurs un maillage. Certaines entreprises mettront l'accent sur la chaîne fournisseurs-entreprise-clients.

- Par exemple, Marchands Unis, distributeur en quincaillerie et produits connexes, se considère comme un lien entre les fournisseurs et les clients. D'un côté, l'entreprise mise sur son pouvoir d'achat et d'un autre, sur sa capacité d'offrir des bons prix et des escomptes. Dans le but d'augmenter son pouvoir d'achat d'articles de sport, Marchands Unis aurait acquis l'entreprise Maurice Oberson Inc., franchiseur de magasins d'articles de sport, pour se joindre aux marchands membres exploitant leur commerce sous la bannière Excellence Sport.

Une acquisition peut placer l'entreprise acheteuse en situation de concurrence par rapport à ses anciens fournisseurs.

- Ainsi, l'acquisition de 50% des parts de Microflex par Le Cirque du Soleil place cette entreprise en concurrence avec Ticketron, la billeterie avec laquelle elle faisait affaire. L'entreprise s'est associée à Provigo pour ouvrir une billeterie nommée Admission et compte faire valoir la présence d'un client renommé, les Expos de Montréal, pour attirer d'autres clients.

6.3. L'examen des liens à établir entre les deux entreprises, acheteuse et vendeuse

L'examen des liens à établir entre les deux entreprises, acheteuse et vendeuse, porte essentiellement sur les objectifs économiques de l'acquisition. Voyons comment s'articule un tel examen.

6.3.1. *Les objectifs économiques de l'acquisition*

Comme nous l'avons signalé, l'acquisition d'une entreprise peut viser l'atteinte d'objectifs variés et nombreux. Une fois ces objectifs sélectionnés et précisés dans le plan d'acquisition (et le plan stratégique), l'entreprise acheteuse est à même d'évaluer dans quelle mesure l'entreprise vendeuse répond à ses objectifs et d'identifier les liens qui seront établis entre les deux entreprises, eu égard au degré de contrôle de la première et au degré d'autonomie laissé à l'entreprise éventuellement acquise.

Vu sa particularité, l'examen des objectifs économiques d'une acquisition est propre à chacune des transactions. Aussi, les considérations suivantes sont-elles d'ordre général.

S'agit-il d'une diversification ? On se demande alors s'il s'ensuivra, de fait, une certaine stabilité ou encore une diminution des fluctuations des revenus (Gort, 1976). Si l'on prévoit un fléchissement de la demande, on décidera peut-être de s'orienter vers un bien substituable. Dans ce cas, on se demandera alors, par exemple, si effectivement la transaction permettra de « récupérer » la clientèle habituelle sur un autre terrain (Baladi, 1971 ; Le Goc, 1976).

S'agit-il d'une intégration ? D'une part, l'intégration horizontale (expansion reliée aux activités courantes) comprend un avantage majeur : elle permet à l'entreprise acheteuse de demeurer dans un domaine familier (Gort, 1976 ; Kitching, 1973 ; Le Goc, 1976). Ce type de croissance correspond à l'augmentation de la capacité de production de même qu'à la consolidation de la position sur le marché ; somme toute, il entraîne un surplus de compétence en gestion et un meilleur « rendement sur la connaissance et l'expérience ». En revanche, il ne donne pas accès à un nouveau savoir, ni à un nouveau savoir-faire (*know how*) (Levinson, 1970).

Dans une telle situation, l'entreprise acheteuse doit se demander si vraiment ses gestionnaires seront capables de remplir des fonctions plus larges et, éventuellement, plus lourdes. Pourra-t-elle compter sur eux ?... sur ceux de l'entreprise vendeuse ? Devra-t-elle prévoir un redéploiement de ses ressources en gestion ?

D'autre part, l'intégration verticale (expansion reliée à la production ou à la commercialisation) peut renforcer la position stratégique et permettre la rationalisation des opérations (Le Goc, 1976). Cependant, cette forme d'intégration n'est pas sans risques. Il est possible que l'entreprise acheteuse se place ainsi en situation de conflit avec ses propres fournisseurs ou clients, par exemple. Plus encore, « l'impression » de connaître guette les gestionnaires de l'entreprise acheteuse et leur tend des pièges (Alberts et Segall, 1974 ; Kitching, 1973).

Si un tel contexte se présente, on aura intérêt à examiner en détail les liens que l'acquisition créerait entre les deux entreprises, acheteuse et vendeuse, de façon à bien cerner quelles seraient leurs interactions dans ce « nouvel échiquier » du marché. De plus, on aura sûrement avantage à évaluer la capacité réelle des gestionnaires de travailler dans ce nouveau cadre de gestion et de marché.

LES FACTEURS FINANCIERS

L'acquisition d'une entreprise est une transaction financière qui exige généralement des capitaux importants. Aussi la présence du réseau de facteurs financiers va-t-elle de soi, elle parle d'elle-même.

Mais tout aussi essentiel que soit l'examen des aspects financiers, on doit garder en mémoire qu'il constitue une partie seulement de l'analyse, laquelle sera complétée par la considération d'autres aspects — stratégiques, reliés aux ressources humaines et administratifs — que nous verrons dans les prochains chapitres.

7.1. L'examen de la situation présente de l'entreprise vendeuse

Dans l'examen de la situation présente de l'entreprise vendeuse, trois points retiennent particulièrement l'attention : l'équilibre entre les besoins et les sources de fonds, la capacité de rentabilité de l'entreprise vendeuse et sa situation fiscale.

7.1.1. *Les besoins et les sources actuels de fonds*

Dans le cadre des activités d'acquisition, on cerne les besoins et les sources de fonds de l'entreprise acheteuse et l'on vérifie la possibilité de les harmoniser avec les besoins et les sources de fonds de l'entreprise vendeuse, et ceci, dans une perspective à court terme et à long terme.

Pour amorcer la discussion sur ce sujet, voyons tout d'abord le tableau XV, qui résume la situation de quatre types d'entreprises quant au solde entre leurs besoins et leurs sources de fonds. Signalons que, si les fondements de cette typologie suscitent certaines réserves (matrice du produit du BCG, dans Naylor, 1982; notion de courbe d'expérience, dans Clark, 1986 et James 1984), il n'en demeure pas moins qu'elle peut aider à saisir certaines situations.

TABLEAU XV

Solde des besoins et des sources de fonds

Croissance de l'entreprise	Part du marché	
	Grande	*Petite*
Forte	Type I	Type II
	Besoins de fonds : – – –	Besoins de fonds : – – –
	Sources de fonds : + + +	Sources de fonds : +
	Solde : 0	**Solde :** – –
Faible	Type III	Type IV
	Besoins de fonds : –	Besoins de fonds : –
	Sources de fonds : + + +	Sources de fonds : +
	Solde : + +	**Solde :** 0

Source : KITCHING, 1973, p. 37. Traduction et adaptation de l'auteure (ROUSSEAU, 1987).

La lecture du tableau XV nous apprend que :

- l'entreprise de type I, dont la part du marché est grande et la croissance est forte, génère des fonds en grande quantité (+++). En contrepartie, cette entreprise a besoin de fonds en grande quantité (– – –) pour financer sa croissance. Le solde entre les besoins et les sources de fonds est nul (0) ;

- l'entreprise de type II, dont la part du marché est petite et la croissance est forte, a besoin de fonds en grande quantité (– – –) pour financer sa croissance et augmenter sa part du marché. Une telle entreprise génère peu de fonds (+). Par conséquent, le solde entre les besoins et les sources de fonds est négatif (– –) ;

- l'entreprise de type III, dont la part du marché est grande et dont la croissance est faible, a besoin de peu de fonds (-). Par contre, elle génère des fonds en grande quantité (+++). Le solde entre les besoins et les sources de fonds est positif (++) ;

- l'entreprise de type IV, dont la part du marché est petite et la croissance est faible, a besoin de peu de fonds (-) et en génère peu (+) également. Le solde entre les besoins et les sources de fonds est nul (0).

Quelles stratégies d'acquisition pourraient assurer un équilibre entre les besoins et les sources de fonds de l'entreprise acheteuse et de l'entreprise vendeuse?

Voyons quelques scénarios possibles illustrés au tableau XVI.

TABLEAU **XVI**

Stratégies d'acquisition

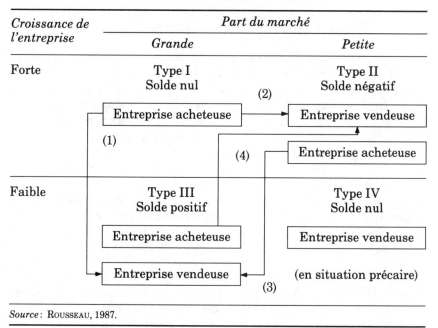

Croissance de l'entreprise	Part du marché	
	Grande	*Petite*
Forte	Type I Solde nul	Type II Solde négatif
Faible	Type III Solde positif	Type IV Solde nul

Source: Rousseau, 1987.

Les stragégies d'acquisition s'y déroulent comme suit:

- l'entreprise acheteuse de type I génère suffisamment de fonds pour couvrir ses besoins, mais elle n'a pas d'excédent (le solde entre les besoins et les sources de fonds est nul). Elle peut alors envisager l'acquisition d'une entreprise de type III (voir flèche 1) qui connaît un surplus de fonds (le solde entre les besoins et les sources de fonds est positif), afin d'utiliser des fonds de celle-ci pour acquérir une entreprise de type II (voir flèche 2) qui, elle, a besoin de fonds (le solde entre les besoins et les sources de fonds est négatif), mais présente un meilleur potentiel de croissance. De cette façon, une acquisition en finance une autre, en quelque sorte;

- l'entreprise acheteuse de type II génère peu de fonds et peut être à la recherche de fonds pour financer son développement. Par conséquent, l'entreprise vendeuse devrait être de type III (voir flèche 3) car l'objectif de l'entreprise acheteuse est d'acquérir des fonds autogénérés (*cash flow*);

- l'entreprise acheteuse de type III possède un surplus de fonds qui lui permet d'acquérir une entreprise dont la part actuelle du marché est petite, mais dont la croissance est forte, une entreprise de type II (voir flèche 4). Grâce à l'injection de capitaux, l'entreprise pourrait passer du type II au type I.

Qu'en est-il de l'acquisition de l'entreprise de type IV qui est en situation précaire, et même en difficulté financière ? Ce pourrait être une bonne affaire, mais à certaines conditions. Il est essentiel que le prix d'une telle entreprise soit strictement relié à sa condition, car l'entreprise acheteuse aura à y injecter les capitaux nécessaires à sa relève (Baker, 1981; Butrick, 1976; Jacotey, 1979; Rosenbloom, 1977). Soulignons que l'évaluation d'une entreprise en difficulté pose un défi d'envergure et requiert des connaissances et des habiletés particulières. Cependant, la détermination d'un « juste » prix d'acquisition n'est que l'un des éléments clés de l'acquisition d'une entreprise en situation précaire. On doit absolument s'assurer qu'un redressement de la situation est réalisable dans un délai raisonnable (Gallinger, 1982; Hofer, 1980; Kusewitt, 1985).

À cette fin, dès le moment de l'évaluation, l'entreprise acheteuse doit établir une stratégie de redressement et estimer le coût de sa mise en œuvre. Elle peut exiger que l'entreprise vendeuse mette en marche certaines politiques avant l'acquisition. Il semble bien que le remplacement des dirigeants de l'entreprise vendeuse, ou du moins de ceux qui occupent des postes stratégiques, soit un élément commun à toutes les stratégies. Les nouveaux gestionnaires devront être choisis avec soin et posséder les qualités et les qualifications requises pour implanter la stratégie de redressement avec succès. À défaut de telles précautions, l'entreprise acheteuse pourrait éventuellement se voir obligée de désinvestir et, au pire, se trouver elle-même en difficulté.

• Signalons, à titre d'exemple, la réputation acquise par les dirigeants de Cascades, les frères Lemaire, dans le domaine de l'acquisition et du redressement d'entreprises en difficulté.

Plus largement, on peut s'interroger sur les chances de succès de l'acquisition d'une entreprise profitable ou d'une entreprise qui ne l'est pas. Dans le cas d'une entreprise dont le bénéfice par rapport au capital investi est de moins de 5%, ou d'une entreprise qui encourt des pertes, les chances de succès sont de 1 sur 3. La proportion du succès passe à 3 sur 5 dans le cas de l'acquisition d'une entreprise plus profitable, c'est-à-dire dont le bénéfice sur le capital investi est de plus de 5% (Kitching, 1973).

Soulignons un point qui mérite réflexion : l'entreprise acheteuse elle-même peut devenir une cible intéressante. L'habileté en stratégie d'acquisition peut aussi bien se traduire par le fait d'éviter de faire soi-même l'objet d'acquisition que par le maintien d'un équilibre dans l'ensemble des acquisitions. Toutefois, cette « situation idéale » n'est pas facile à atteindre, étant donné que le succès d'une acquisition dépend, en partie, des performances de l'entreprise cible ou vendeuse (Seetoo, 1977). Il est donc moins risqué d'acquérir des entreprises en « santé » et de fixer des critères de sélection en conséquence (Bradley et Korn, 1981 ; Salter et Weinhold, 1979).

Examinons quelques transactions.

• Pour financer son développement amorcé en 1980, Télésystème National (alors Setelco Inc.) semblait avoir davantage besoin de fonds qu'elle n'en disposait. Un prêt de un million de dollars de la Banque Nationale lui a alors permis de réaliser sa première acquisition, celle de Québec Électron Service. À son tour, l'entreprise acquise lui a fourni l'occasion d'en acquérir d'autres. Ainsi, Québec Électron Service a acquis, deux ans plus tard, LDB Communication ltée (fondée par trois techniciens de Québec Électron Service). Depuis 1984, l'entreprise peut compter sur plusieurs partenaires financiers dans la poursuite de sa croissance, dont la Caisse de dépôt et de placement du Québec, l'Industrielle, la Banque Nationale.

• L'acquisition de Bo Jeans par Boutiques San Francisco est un autre cas. Au départ, il semble que la transaction ait été conclue à très bon prix. Boutiques San Francisco a acquis

51 % des actions en s'associant à un actionnaire, qui a obtenu 49 % des actions. De l'avis de l'entreprise acheteuse, l'acquisition nécessitait des sorties de fonds assez peu élevées, de sorte qu'on a pu conserver plus de deux millions de dollars et les destiner à une autre acquisition.

• L'acquisition de Maurice Oberson Inc. par Marchands Unis, conjuguée à l'agrandissement de l'entrepôt de cette dernière, semble avoir grevé le fonds de roulement et accrû les dettes à court terme de l'acquéreur. Par conséquent, même si l'entreprise dispose d'une certaine marge de manœuvre, des activités de croissance, à court terme ou importantes, devront probablement être financées par des capitaux externes.

• L'acquisition de Côte-de-Liesse Racquet Club par Nautilus Plus au coût de quatre millions de dollars a été financée par le fonds de roulement de cette dernière et par un emprunt bancaire.

• Dominion Textile a financé à même son fonds de roulement l'acquisition de 57 % des actions de Nordlys SA, manufacturier français de produits textiles, pour cinq millions de dollars américains.

• Canam Manac a, pour sa part, acquis Lord & Cie, fabricant de composantes métalliques, pour deux millions de dollars qu'elle a payé comptant.

7.1.2. *La capacité de rentabilité*

L'examen de la capacité de rentabilité comporte divers éléments, dont : le taux minimal de rendement, la performance, la situation des secteurs d'activités ou des divisions (Campbell, 1984 ; Rappaport, 1979).

Il est indispensable que l'entreprise acheteuse fixe le taux minimal de rendement qu'elle prévoit obtenir d'une acquisition puis, qu'elle le confronte au taux de rendement que pourrait lui procurer l'entreprise vendeuse sous évaluation. Le fait que le taux minimal de rendement anticipé ne puisse être atteint constitue un point faible. On se demande alors s'il y a lieu de rejeter l'entreprise vendeuse ou d'envisager que cette faiblesse soit compensée par des points forts.

S'il est dans la politique de l'entreprise acheteuse de n'acquérir que des entreprises atteignant le taux minimal de rendement visé, ce taux lui sert de critère lors de la sélection d'entreprises cibles. Au moment de l'évaluation, même si l'entreprise acheteuse est prête à faire des concessions, elle doit redoubler de vigilance et examiner avec soin les autres éléments reliés à la capacité de rentabilité.

L'historique, les tendances et les prévisions des résultats financiers de l'entreprise vendeuse font nécessairement partie de son examen. Quel est le montant des bénéfices de chacune des cinq dernières années ? Comment celui-ci s'est-il comporté : a-t-il été stable, a-t-il fluctué, à la hausse ou à la baisse ? Comparativement à l'industrie, comment le bénéfice se situe-t-il : en suit-il ou non les tendances ? Vraisemblablement, quel niveau de bénéfices pourra être atteint au cours des trois ou cinq prochaines années ?

En plus de la rentabilité globale des activités, on examine la situation de chacun des secteurs d'activités de chacune des divisions. Selon les résultats obtenus, on envisagera peut-être le redressement financier ou même la fermeture de certains secteurs ou l'arrêt de certaines activités, à plus ou moins longue échéance, une fois l'entreprise acquise. Si tel est le cas, on évaluera l'impact de telles décisions sur les bénéfices puis, on calculera le taux de rendement qui en résulterait. Évidemment, des considérations autres que financières peuvent intervenir et plaider en faveur du maintien de secteurs ou d'activités plus ou moins rentables financièrement, mais il n'en demeure pas moins que ces talons d'Achille devraient être repérés lors de l'évaluation et faire l'objet d'un suivi attentif après l'acquisition.

Il va sans dire que l'entreprise acheteuse ne réalise pas toujours les résultats espérés, du moins pas au moment prévu. Illustrons ces propos par quelques exemples.

- Les bénéfices réalisés par Systerm ont été inférieurs aux prévisions. Il semble que la rentabilisation de l'entreprise acquise, Keynote Computer Products, ait été plus longue et plus difficile que prévue. L'intégration des activités de production de Waterloo à Montréal et un investissement de démarrage seraient les solutions envisagées pour rétablir la situation.

- Pour Culinar, les restaurants Pacini n'ont pas atteint la rentabilité attendue. La difficulté d'intégrer les restaurants Pastificio acquis par la suite n'aura certainement pas aidé à améliorer la situation. On prévoit que des changements au menu des restaurants et un redéploiement des activités devraient contribuer à redresser la situation. Par contre, les franchises A & W exploitées par Culinar semblent connaître une rentabilité supérieure à celle prévue.

7.1.3. *La situation fiscale*

Tous et toutes en conviendront, l'examen attentif de la situation fiscale de l'entreprise vendeuse est primordiale. Cette information permettra à l'entreprise acheteuse de prendre, en temps et lieu, des mesures appropriées à cette situation (Morin et Chippendale, 1970). Elle devrait agir prudemment en gardant à l'esprit qu'un changement éventuel est possible (!) et que la rentabilité future pourrait en être affectée, selon les circonstances.

On confie normalement l'analyse de la situation fiscale à des spécialistes en la matière. Le groupe *ad hoc* qui procède à l'évaluation de l'entreprise vendeuse endosse généralement les recommandations des spécialistes.

Vu sa particularité, ce sujet n'est pas développé davantage dans le cadre de cet ouvrage.

7.2. L'examen de la situation future de l'entreprise vendeuse

À nouveau, on aborde les besoins et les sources de fonds, mais cette fois, dans l'optique de la situation future de l'entreprise acquise.

7.2.1. *Les besoins et les sources éventuels de fonds*

On considère ici les investissements additionnels destinés à rentabiliser l'entreprise éventuellement acquise ou à la moderniser, à la suite de changements technologiques, par exemple. Notons qu'une telle projection peut être le fait de bien des entreprises, du moins dans une perspective à plus long terme.

Les coûts de ce financement sont mis en relation avec d'autres éléments, notamment : le coût de l'acquisition, la survie de l'entreprise acquise, le maintien de sa position stratégique. L'entreprise acheteuse confronte ensuite ses besoins et ses sources éventuels de fonds avec ceux de l'entreprise sous examen, dans le but d'en arriver à un équilibre.

Qu'en est-il des subventions gouvernementales ? Elles constituent des sources de financement intéressantes à condition, précisons-le, que l'entreprise vendeuse ne dépende pas de ces fonds et que l'on puisse s'assurer du respect des conditions de maintien. Cependant, et nous insistons sur ce point, le renouvellement de ces subventions de même que l'obtention de nouvelles subventions n'entrent pas en ligne de compte dans la décision d'acquisition, vu le caractère aléatoire de telles sources de fonds.

Enfin, mentionnons que la vente d'éléments d'actif de l'entreprise vendeuse peut se révéler un facteur intéressant à considérer (Hilton, 1970). Toutefois, une telle source de fonds influe plus sur la forme du financement que sur la décision d'acquisition en tant que telle. L'examen de la rentabilité des divisions, secteurs ou autres fournit les informations nécessaires à cet effet. Voyons, à ce propos, des exemples.

- Le prix d'acquisition de 50 % des parts de Microflex par le Cirque du Soleil s'est élevé à 250 000 $; à ce montant, il faut ajouter la somme d'un million de dollars pour la mise en exploitation du réseau Admission, en collaboration avec Provigo. On a prévu que les revenus générés parviendraient à couvrir les frais d'exploitation et permettraient éventuellement de dégager des bénéfices.

- La vente de ses actions dans la mine Arthur W. White a procuré à Cambior des fonds de l'ordre de 50 millions de dollars en 1988. Ces fonds pourraient servir à d'éventuelles acquisitions.

7.3. L'examen des liens à établir entre les deux entreprises, acheteuse et vendeuse

L'acquisition en soi entraîne des changements de nature financière ; on s'applique donc à en saisir toute l'incidence, d'autant plus s'il s'agit d'une acquisition relativement importante. Par conséquent, lors de l'examen de l'entreprise vendeuse, on verra à évaluer l'impact financier de l'acquisition sur l'entreprise acheteuse elle-même, et ce, dans la perspective des liens à établir (ou qui s'établiront) entre les deux entreprises, acheteuse et vendeuse.

7.3.1. *L'impact financier sur l'entreprise acheteuse*

On estime d'abord les conséquences de l'acquisition sur la structure financière et la capacité d'emprunt, le bénéfice par action, le paiement de dividendes, ainsi que la structure de coûts de l'entreprise acheteuse. Apportons dès maintenant des exemples afin d'expliciter les divers points que nous venons de mentionner.

- À la suite de plusieurs acquisitions et d'une prise de participation dans Noverco, la dette à long terme de Canam Manac s'élevait à 271 millions de dollars, tandis que l'avoir des actionnaires était de 145 millions de dollars (en avril 1988). Pour redresser la situation, le Groupe a eu recours à des capitaux privés et a procédé à une restructuration du capital-actions, dans le but de rétablir une plus juste proportion entre l'endettement à long terme et l'avoir des actionnaires.

- Au début de l'année 1987, Métro-Richelieu a procédé à sa restructuration financière afin d'assurer une solidité financière à l'entreprise en vue de réaliser des acquisitions. Au cours de la même période, l'entreprise et les marchands se sont préoccupés d'améliorer la situation interne en mettant l'accent notamment sur le service à la clientèle, la gestion des ressources humaines, la conclusion de conventions collectives et l'actionnariat des employés. En somme, Métro-Richelieu créait ainsi un terrain favorable à la réalisation d'acquisitions.

- C'est également le cas de l'entreprise Dominion Textile, qui s'est appliquée à renforcer sa structure financière dans le but d'accélérer la réalisation de son programme d'acquisitions.

Ce que certaines entreprises peuvent se permettre n'est sûrement pas à la portée de toutes. Aussi, à chaque acquisition ont-elles intérêt à surveiller constamment leur structure financière pour en garder un sain équilibre, de même qu'à évaluer l'impact de chaque transaction sur leur capacité d'emprunt. Dans ce domaine, comme dans bien d'autres, il vaut mieux prévoir... Ajoutons que la qualité de la préparation de l'entreprise acheteuse n'est habituellement pas étrangère à la réussite de la transaction, bien au contraire. Par la suite, il faut évidemment demeurer vigilant et voir à maintenir les conditions propices au développement de l'entreprise.

Pour illustrer l'impact de l'acquisition sur le bénéfice par action et le paiement de dividendes, voyons quelques exemples.

- En 1986, Jannock Limited a réalisé des acquisitions de petites entreprises, au coût total de 90 millions de dollars. Quels en ont été les effets sur le bénéfice par action (BPA)? De 2,10 $ par action, le BPA est passé à 3,20 $ (sur une base diluée) (*Les Affaires*, samedi, 14 mars 1987).

- Selon des prévisions, le BPA de Plastibec devait passer de 0,18 $ à 0,35 $, grâce à l'acquisition d'All-Teck, pour son exercice financier de 1989.

- Lors de l'assemblée annuelle des actionnaires de Memotec en mai 1988, l'un d'eux s'est informé du moment du paiement des dividendes. On lui a répondu que l'entreprise ne verserait pas de dividendes pour l'année en cours, elle préférait affecter ses fonds à des fins de croissance. Il n'y a pas eu, on le comprendra, de panique générale chez les actionnaires. La capacité de croissance de Memotec ne semble pas faire de doute, d'autant plus que l'entreprise possède les moyens de se financer.

- Par ailleurs, chez Cascades, où l'on promeut l'actionnariat et pratique le partage des bénéfices, le paiement des dividendes ne fait pas partie de la politique de l'entreprise. L'explication en serait que la plus large part en reviendrait aux frères Lemaire, qui détiennent 65 % du capital-actions. Dans un tel cas, l'examen de l'impact financier d'une acquisition pourrait comprendre une étude sommaire des fluctuations du prix de l'action, notamment à la suite d'acquisitions.

- Il est intéressant de relever, que depuis 1976, l'entreprise Canadian Freightways Ltée n'a pas versé de dividendes. Les bénéfices auraient servi à financer l'expansion interne de l'entreprise.

On examine avec soin la structure de coûts de l'entreprise acheteuse afin de déterminer l'impact d'un changement de volume sur la rentabilité de ses opérations courantes, ou l'impact d'une intégration de certains services ou, bien sûr, l'un et l'autre (Kitching, 1973). Par exemple, dans le cas d'une entreprise de fabrication, si les coûts fixes de l'entreprise acheteuse sont très élevés, une acquisition assurant un grand volume de ventes aura un impact important et favorable sur les bénéfices.

Par ailleurs, si les coûts variables de l'entreprise acheteuse sont très élevés, l'un des objectifs de l'acquisition peut être de diminuer ces coûts. Ce cas s'applique aux entreprises de ventes au détail et aux commerces de l'alimentation, par exemple. Le regroupement des achats ou le rassemblement des petites unités de production en unités plus larges, le partage ou la fusion de services administratifs comptent alors parmi les stratégies appropriées. Plus largement, on analyse soigneusement l'incidence de l'acquisition sur la position stratégique de l'entreprise acheteuse et sur ses perspectives de croissance. Apportons ici quelques exemples.

• Le fait de n'avoir pu diminuer le ratio dépenses comme prévu a incité la Banque d'Épargne de la Cité et du District de Montréal (acquise depuis par La Laurentienne) à vendre le Crédit Foncier à Montréal Trust en 1986, après en avoir fait l'acquisition en 1979. Les activités des deux institutions financières qui s'étaient orientées et développées différemment n'ont pu être suffisamment intégrées pour permettre les économies d'échelle espérées.

• La baisse de consommation de liqueurs a entraîné des répercussions sur certaines entreprises ; par exemple, les usines de distillation et d'embouteillage de Corby ne fonctionnaient qu'à la moitié de leur capacité de production (en 1988). Selon le président de Corby, l'acquisition de la distillerie torontoise McGuinness permettrait d'augmenter cette capacité et de diminuer les coûts d'exploitation, à la suite de la fermeture de l'usine acquise et de la répartition de sa production dans les usines de Corby.

• L'acquisition d'installations modernes à Disraéli, pour le pliage et le tournage de pièces servant à la fabrication de meubles en bois massif, pourrait permettre à Shermag de réaliser une économie de l'ordre de 20 % dans la production de composantes.

CHAPITRE 8

LES FACTEURS RELIÉS
AUX RESSOURCES HUMAINES

La difficulté de l'examen des facteurs reliés aux ressources humaines n'a d'égale, sans aucun doute, que son importance même. Nous ne saurions trop insister sur la nécessité d'un tel examen, compte tenu que sa difficulté peut être raisonnablement surmontée grâce à un apprentissage appuyé sur la volonté de réussir ; du moins, en avons-nous la ferme conviction.

D'ailleurs, des études démontrent que la concentration trop exclusive sur les aspects financiers au détriment d'autres, tels les aspects humains, peut contribuer à créer ou à accentuer des difficultés ultérieures (Albrook, 1969 ; Riggs, 1969 ; Mace et Montgomery, 1962). De ce point de vue, il est primordial qu'on accorde de l'attention à l'évaluation des aspects humains.

Comment procéder à l'examen des facteurs reliés aux ressources humaines ? L'exposé suivant en présente les grandes lignes, attirant l'attention sur les éléments essentiels [1].

---

1. Les passages de ce chapitre et ceux du chapitre 11 traitant des facteurs d'acquisition reliés aux gestionnaires et aux relations de travail sont tirés, en partie, de deux articles de l'auteure publiés dans *Gestion. Revue internationale de gestion* (Rousseau, 1988, 1989).

8.1. L'examen de la situation présente de l'entreprise vendeuse

Compétence et attitude des gestionnaires, présence et qualité des spécialistes, état et évolution du climat de travail : voilà les aspects qui font l'objet de l'examen de la situation présente de l'entreprise vendeuse.

8.1.1. *La compétence des gestionnaires et leur attitude par rapport à l'acquisition*

Tous et toutes en conviennent, la compétence des gestionnaires est un facteur d'acquisition important, d'ailleurs mis en relief dans nombre d'écrits (*Business Week*, 1978; Boland, 1970; Kitching, 1967, 1974; Terry, 1980; Wallner, 1979, 1980; Rousseau, 1986, 1988 entre autres). Parmi les aspects humains abordés lors de l'évaluation d'une entreprise, il est au centre des préoccupations.

On constate donc qu'il n'y a pas que les résultats financiers qui présentent de l'intérêt dans l'examen d'une entreprise ; la qualité des gestionnaires et de leur gestion y prend aussi une place notable. D'ailleurs, l'appréciation de la compétence des gestionnaires intervient (ou devrait intervenir) dans d'importantes décisions, notamment celles de conserver ou non les (ou certains des) gestionnaires, de confier aux gestionnaires demeurés en place après l'acquisition les mêmes fonctions ou d'autres fonctions, d'accepter ou de refuser de payer le prix demandé par l'entreprise vendeuse ou une prime (ou autres avantages) aux gestionnaires.

Il est largement reconnu que la compétence des gestionnaires est un facteur de succès en ce qu'elle peut permettre à la direction de réaliser la synergie des diverses ressources (Arnold, 1970; Wheele, 1981), d'assurer une meilleure intégration de l'entreprise acquise et l'exemption de difficultés majeures (Arnold, 1970; Boland, 1970; Fishman, 1984), de miser sur les forces réelles et d'éviter ainsi que les faiblesses se propagent dans l'une ou l'autre des entreprises (acheteuse ou acquise) (Mintern, 1972), de réaliser certains objectifs spécifiques, comme l'accès à des gestionnaires spécialisés, en gestion internationale, par exemple (Barrett, 1973). L'entreprise acheteuse peut aussi viser à se doter d'une équipe de gestion forte et dynamique ou d'un gestionnaire de grande compétence (McCarthy, 1963; Parsons et Baumgartner, 1970; Rockwell, 1968).

À propos de ce dernier point, précisons que l'accès à des compétences en gestion n'est généralement pas la raison principale d'une acquisition, sauf exception (Barrett, 1973 ; McCarthy, 1963). On peut acquérir plus efficacement les compétences souhaitées, sans qu'il soit nécessaire d'acheter une entreprise. Cependant, l'accès à des compétences peut constituer un facteur accessoire intéressant, qu'il s'agisse de techniciens ou techniciennes, de spécialistes ou de gestionnaires.

En somme, la gestion peut figurer parmi les causes d'échec ou de succès de l'acquisition. Aussi fait-elle l'objet d'une évaluation et intervient-elle dans les critères d'acquisition. Quels sont les gestionnaires dont il faut évaluer la compétence ? Comment évaluer cette compétence ? Telles sont les questions additionnelles que devrait se poser toute entreprise acheteuse. Examinons-les donc.

Doit-on évaluer la compétence de tous les gestionnaires ou en sélectionner quelques-uns selon les objectifs attendus ? Des auteurs conseillent de considérer « les » gestionnaires, sans autre indication. Peut-on en déduire qu'il s'agit de considérer « tous » les gestionnaires ? Des auteurs l'indiquent nettement (Hussey, 1973), d'autres le laissent entendre. Notons déjà, sans qu'il soit nécessaire d'étudier longuement la question, l'irréalisme de cette proposition. Comment peut-on vraisemblablement évaluer tous les gestionnaires durant les phases d'évaluation de l'entreprise vendeuse et de négociation avec celle-ci ? Le secret entourant ces phases, les coûts inhérents, la pression du laps de temps limité dont on dispose interdisent une évaluation tous azimuts.

De toute façon, est-il vraiment nécessaire d'évaluer tous les gestionnaires, à cette étape du processus d'acquisition ? Ne suffit-il pas de connaître et d'évaluer les gestionnaires qui occupent (ou occuperaient éventuellement) une position stratégique dans l'entreprise vendeuse ? À notre avis, l'évaluation de la haute direction et celle des gestionnaires aux postes stratégiques (actuels ou éventuels) semblent suffisantes (Adizes, 1980 ; Léontiades, 1979). Une évaluation plus complète relève plutôt de la gestion interne, dans le contexte des activités courantes. Dans le cadre d'une acquisition, « l'utilité marginale » d'une évaluation plus large nous semble bien mince, sinon nulle.

Comment évaluer la compétence des gestionnaires ? Il n'existe pas de réponses toutes faites à cette question ; aussi convient-il d'explorer les principales avenues possibles. Tout d'abord, rappelons que les résultats financiers atteints par l'entreprise vendeuse servent couramment d'indice de la compétence des gestionnaires. Bien qu'elle soit essentielle, la connaissance de ces résultats est insuffisante (Strage, 1971). On doit examiner également les raisons de l'atteinte de ces résultats à partir de plusieurs exercices financiers puis établir, autant que faire se peut, la contribution des gestionnaires à ces résultats.

Par-dessus tout, on doit à l'esprit qu'il s'agit d'un seul indice de compétence. La position stratégique de l'entreprise vendeuse, l'état et l'évolution du climat de travail constituent d'autres indices des plus valables. Quant à l'entrepreneuriat, il présente une certaine ambivalence, car il peut comporter autant de côtés négatifs que positifs ; le dynamisme et la réussite peuvent lui être associés aussi bien que la difficulté, pour un entrepreneur ou une entrepreneuse, d'accepter des contraintes de gestion et de coûts. C'est plutôt dans l'entreprise acheteuse que l'entrepreneuriat (ou l'intrapreneuriat) devrait nécessairement se manifester. Comme autres points d'évaluation, on peut examiner notamment les aspects suivants : les caractéristiques du groupe de gestionnaires, les pratiques de gestion, le style de gestion et la communication (Adler, 1980 ; Jacotey, 1979 ; Leighton et Tod, 1969 ; Morin et Chippindale, 1970 ; Sage, 1979 ; Silbert, 1969).

De plus, au moment de l'acquisition, il importe que les gestionnaires aient une attitude positive à l'égard de l'acquisition. Une telle attitude est d'autant plus souhaitable si les gestionnaires demeurent dans l'entreprise après l'acquisition. Lors du déroulement des négociations, l'entreprise acheteuse peut déjà établir des relations interpersonnelles avec des membres du personnel cadre de l'entreprise vendeuse (MacDougal et Malek, 1970). Elle a alors l'occasion d'apprendre à les mieux connaître et à « sonder » leur attitude à l'égard de l'acquisition (Silbert, 1969). Introduisons ici une note de réalisme en soulignant que l'attitude positive peut parfois être simulée, feinte. Aussi faut-il se mettre en garde contre une telle possibilité (Arnold, 1970).

Donnons maintenant quelques exemples de ce facteur.

- Il est connu que la décision de Boutiques San Francisco d'acquérir Bo Jeans a été, en partie, motivée par le fait qu'on a pu s'assurer la participation d'un connaisseur de la mise en marché des jeans (qui était à l'emploi d'une autre entreprise) qui est devenu partenaire à 49 % des actions.

- L'acquisition de Téléonde inc. de Québec a donné l'occasion à Télésystème National d'avoir accès aux services d'un dirigeant d'expérience.
- L'acquisition par Sodisco de D. H. Howden, un concurrent ontarien, lui a permis de s'adjoindre les compétences d'un ex-président de l'Association nord-américaine des distributeurs de produits de quincaillerie, reconnu pour sa connaissance du marché nord-américain. Quand on veut éviter de répéter les erreurs commises par des entreprises canadiennes de ventes au détail dans leurs tentatives de pénétrer le marché américain, l'accès à de telles compétences constitue un atout advenant de telles acquisitions.

8.1.2. La présence et la qualité des spécialistes

Parmi les autres facteurs importants à considérer figurent les compétences professionnelles et techniques présentes dans l'entreprise vendeuse. Le nombre de spécialistes, la nature et leur degré de qualification, leurs fonctions, l'ancienneté et tout autre élément pertinent font ainsi l'objet de l'attention de l'entreprise acheteuse.

Les curriculum vitæ, les comptes rendus de production ou de ventes, les listes de réalisations (travaux réalisés et en cours, brevets, innovations,...) et autres documents peuvent fournir des renseignements utiles concernant le personnel clé de l'entreprise sous examen, de même que les aspects névralgiques des activités (Campbell, 1984 ; Jacotey, 1979 ; Morin et Chippindale, 1970 ; Riggs, 1969). On pourra ainsi constater si l'acquisition donne accès à des ressources humaines compétentes dans des domaines de gestion ou de spécialités, bien que cet accès soit rarement la raison principale d'une acquisition.

Voici quelques exemples pour illustrer ce dernier point.

- L'acquisition de Contrôles Alpha a permis à Sicotte International (autrefois Paul Sicotte et Fils), spécialisée dans la fabrication de machines-outils, d'accéder à des compétences en matière de systèmes de contrôle informatisés.
- L'acquisition d'Alpac Warehouses a donné à Uni-Sélect (en 1988) l'accès à une clientèle dans l'Ouest canadien, de même qu'à une bonne équipe de gestion, selon le président d'Uni-Sélect. Par son pouvoir d'achat et sa gamme de produits, Uni-Sélect semble en mesure de recruter des marchands indépendants.

- L'acquisition de Basfinmont par Sico lui a permis de retenir les services d'une quinzaine de spécialistes, chimistes et représentants, en vue de développer sa part du marché en Ontario.

8.1.3. *L'état et l'évolution du climat de travail*

Le climat de travail est l'un des aspects reliés aux ressources humaines dont l'importance est largement reconnue, et le domaine de l'acquisition n'y fait pas exception (Falk et Gordon, 1977 ; Imberman, 1985 ; Pène, 1979 ; Pourbaix, 1969 ; Mintern, 1972 ; Noly, 1969). Aussi l'importance accordée à l'état actuel et à l'évolution du climat de travail ne fait-elle pas de doute.

Que le climat de travail soit estimé « bon ou mauvais » au moment de l'évaluation de l'entreprise, on essaie de prévoir le sens de son évolution. On porte attention aux germes de conflits éventuels tout aussi bien qu'aux redressements possibles de la situation. De plus, on se soucie dès lors des répercussions de l'acquisition sur le climat de travail et sur le moral du personnel de l'entreprise vendeuse, une fois qu'elle sera acquise (Marks, 1982). L'entreprise acheteuse avertie est consciente que l'acquisition peut améliorer le climat ou le détruire, eu égard à la situation existant au moment de l'acquisition et aux moyens envisagés pour y introduire des changements. C'est pourquoi le maintien d'un « bon » climat de travail ou l'amélioration d'un climat de travail qui laisse à désirer constituent des facteurs non négligeables dans l'examen de l'entreprise vendeuse.

- Soulignons, à titre d'exemple, les réactions et interventions des syndiqués et des syndicats TUAC et FTQ [2], d'une part, et celles, des représentants de Steinberg et des acquéreurs potentiels, d'autre part, lors des multiples rebondissements reliés à la vente éventuelle de l'entreprise.

Comment évaluer le climat de travail ? La dynamique particulière des activités tactiques (évaluation et négociation) impose inévitablement des contraintes, dont celle de garder le secret. Dans ce contexte, on ne peut procéder à une enquête auprès du personnel pour évaluer le climat (selon le modèle de Likert, 1967, par exemple). C'est plutôt l'examen des « dysfonctions » — arrêts de travail ou

---

2. TUAC — Travailleurs unis du commerce et de l'alimentation ; FTQ — Fédération des travailleurs du Québec.

lock-out, griefs, rotation du personnel, absentéisme et autres — qui fournit des points d'évaluation du climat de travail, auquel peuvent venir se greffer les informations recueillies au cours d'échanges (Adler, 1980 ; Campbell, 1984 ; Morin et Chippendale, 1970 ; Riggs, 1969 ; Sage, 1979). On peut même visiter discrètement les lieux de travail (durant les heures d'ouverture) et en profiter pour observer, entre autres, l'attitude du personnel (Mintern, 1972).

8.2. L'examen de la situation future de l'entreprise vendeuse

Pour cerner la situation future de l'entreprise vendeuse, on s'interroge sur le maintien des gestionnaires en place au moment de l'acquisition, sur leur remplacement éventuel, à plus ou moins long terme, ainsi que sur le renouvellement de la convention collective.

8.2.1. *Le maintien des gestionnaires*

Faut-il conserver les gestionnaires en place ou songer à les remplacer ? Les avis sont partagés sur ce point. Certains investisseurs remplacent « automatiquement » les dirigeants de l'entreprise acquise. Notons qu'une telle attitude a suscité, et suscite encore, des réactions défensives, voire hostiles ; elle a très mauvaise presse. Il semble que l'on assiste actuellement à un effet de ressac. Dans nombre d'articles, par exemple, on discute des moyens de se protéger contre de telles « attaques ». Certains textes sont même accompagnés de caricatures à message sans équivoque.

Bien qu'une telle attitude de l'investisseur se retrouve particulièrement dans les prises de contrôle « malveillantes », l'acquisition n'est pas exempte de cette approche « balayage », selon l'expression consacrée qui traduit bien cette approche : *A new broom sweeps clean.* De l'avis de certains, la politique « acquérir et licencier » (*acquire and fire*) n'est pas souhaitable, car les gestionnaires en place connaissent mieux l'entreprise que le nouvel acquéreur, du moins au début (Terry, 1980).

Selon un autre point de vue, on devrait conserver les gestionnaires « à tout prix » ou presque, soit indistinctement (Terry, 1980) soit sélectivement (Wallner, 1980). Par exemple, certaines entreprises n'achètent que des entreprises dont le personne cadre peut assumer la gestion. Le fait que l'entreprise acheteuse ne dispose pas d'un « surplus » de gestionnaires semble généralement en être la raison.

Dans une troisième perspective, on considère le maintien des gestionnaires en place comme une possibilité à examiner. La décision repose sur les faits et et les informations récoltés, sur les évaluations faites, le tout mis en rapport avec les objectifs à atteindre. Cette approche modérée semble assurément la « plus sage » et les résultats de recherche en font foi (Rousseau, 1987). Par conséquent, c'est de ce point de vue que nous examinerons le maintien des gestionnaires et leur remplacement éventuel.

Dans l'examen de la situation future de l'entreprise vendeuse, on visera à maintenir les gestionnaires en place et à identifier ceux et celles qu'il faudra nécessairement (ou autant que possible) conserver et à quelles fonctions. Précisons que l'importance de maintenir les gestionnaires en place est plus grande au cours de la période qui suit immédiatement l'acquisition ; inévitablement, dirions-nous, tous et toutes sont appelés à être remplacés, à plus ou moins long terme. La présence des gestionnaires peut généralement assurer une meilleure adaptation, une transition plus en douceur ; elle évite à l'entreprise acheteuse de donner l'image de vouloir « tout changer, tout chambarder » et d'ajouter à l'incertitude du personnel, d'autant plus que les gestionnaires s'attirent généralement le respect de leurs collègues et de leurs subalternes. Par la suite, cette importance tendra à décroître.

Par ailleurs, il est jugé malsain de conserver les « gestionnaires-fauteurs de troubles » dont les décisions, attitudes et gestes contribuent à créer ou à envenimer les difficultés de l'entreprise vendeuse et à entraîner la détérioration du climat de travail. À l'appui de cette position, soulignons que l'on devra nécessairement remplacer ces gestionnaires à un moment donné et qu'il vaut mieux le faire dès le début de la phase d'intégration, de façon à redresser la situation le plus tôt possible et à éviter de donner l'impression de cautionner une telle gestion. Somme toute, lorsque des changements sont souhaitables et souhaités, on vise à les réaliser dès que possible. À cet égard, la phase d'intégration peut être une période propice à ces changements.

Outre l'évaluation de la compétence des gestionnaires et mis à part les prises de position idéologiques à l'emporte-pièce, sur quelles base devrait reposer la décision de conserver les gestionnaires ? Trois principaux éléments doivent être analysés : les intentions des gestionnaires, leurs motivations et leur capacité de remplir de nouvelles fonctions.

Tout d'abord, on s'applique à identifier les gestionnaires intéressés à demeurer dans l'entreprise sous une nouvelle gouverne, et particulièrement ceux et celles qui occupent (ou occuperaient) des postes stratégiques (Silbert, 1969). On tente ensuite de connaître les motivations de ces gestionnaires afin de pouvoir y répondre éventuellement. L'opinion d'un auteur (Kitching, 1973, p. 122) à ce sujet est sans équivoque : « Si, après deux ou trois rencontres, écrit-il en substance, vous n'avez pas réussi à connaître les motivations des gestionnaires, vous n'avez pas fait correctement votre boulot. Et vous avez un problème d'intégration sur les bras. » Il n'en demeure pas moins que la motivation peut « tomber à plat » après l'acquisition (Adler, 1980 ; Buckley, 1971, 1975 ; Kitching, 1973). Nous reviendrons ci-après sur la question de la motivation. Enfin, on est conscient qu'à la suite de l'acquisition, les gestionnaires de l'entreprise vendeuse devront s'articuler dans un nouveau contexte de gestion.

En effet, le cadre de la gestion et du marché de l'entreprise vendeuse change du fait même de l'acquisition. Ainsi, les membres de la direction de l'entreprise vendeuse descendent « automatiquement » d'un échelon hiérarchique ; ils sont de retour dans la pyramide et non plus au sommet. Ils doivent accepter le fait qu'ils ont désormais des comptes à rendre à un « patron » (Albrook, 1969). Parler du « maintien du statu quo » devient ainsi un euphémisme trompeur : on devrait plutôt parler du « choc de la réalité » (*reality gap*) (Levinson, 1970). Par exemple, l'entrepreneur fondateur qui désire rester au sein de l'entreprise acquise peut éprouver des difficultés à s'adapter au nouveau contexte et à se donner de nouvelles motivations (Adler, 1980).

L'entreprise acheteuse avisée évalue, fort à propos, la capacité des gestionnaires à remplir de nouvelles fonctions. Cette évaluation peut fournir des indications utiles au redéploiement des effectifs, une fois l'entreprise acquise (Léontiades, 1979). On peut ainsi déceler la capacité de certaines personnes à exercer des fonctions plus étendues ou inversement, de même que leur intérêt pour exercer ou non ces fonctions (Wissema *et al.*, 1980). Facile à dire, difficile à faire, pourrait-on objecter : nous en convenons. Évaluer la capacité de « diriger au futur » demeure, sans contredit, l'un des aspects les plus ardus de l'évaluation, car il comprend beaucoup d'impondérable (à cette fin, l'approche de Wissema *et al.*, 1980, pourrait se révéler utile). Par exemple, il n'est pas impossible que les succès récents de l'entreprise vendeuse soient davantage attribuables à des gestionnaires qui ont quitté qu'à ceux et celles qui sont actuellement dans l'entreprise.

Quelle politique l'entreprise acheteuse adoptera-t-elle après l'acquisition ? Exigera-t-elle la remise de rapports financiers trimestriels ? N'acceptera-t-elle aucun retard ? N'accordera-t-elle aucun délai ? Elle devrait indiquer clairement ses positions aux personnes concernées, au moment jugé opportun, mais *avant* l'acquisition. Il est possible qu'un « état de choc » s'ensuive. Cependant, une attitude ouverte et une discussion franche ne peuvent qu'attirer la confiance et le respect de la part de la direction et du personnel. Habituellement, les réticences s'atténuent alors pour finir par disparaître.

Cependant, il faut bien dire que l'acquisition comporte quelques à-côtés peu édifiants (Betterley, 1978 ; Bruner et Paine, 1988 ; Mace et Montgomery, 1962). Pour mettre la main sur une entreprise, ou à l'inverse, pour arriver à la vendre, certaines personnes sans scrupules utilisent des faux-fuyants et des subterfuges qui, bien sûr, finissent par être découverts un jour ou l'autre, mais souvent une fois la transaction conclue. Une telle approche, peu recommandable et fort déplorable, n'est toutefois pas le fait des entreprises à succès ; celles-ci, bien qu'habiles négociatrices, jouent normalement cartes sur table (*fair play*). Notons qu'il est du ressort de l'entreprise acheteuse de demeurer vigilante pour éviter les mauvaises surprises, éviter de « trouver des cadavres dans les placards », comme le dit l'expression courante.

En somme, quelle que soit la façon de l'aborder, la question du maintien des gestionnaires occupe une place notable dans l'évaluation (Hayes, 1979 ; Hayes et Hoag, 1982). À cette fin, posons trois règles d'or auxquelles l'entreprise acheteuse devrait se conformer, dans toute la mesure du possible :

- la décision de maintenir ou non des gestionnaires en place doit être prise antérieurement à l'acquisition, dès l'étape de l'évaluation ;

- cette décision doit être orientée vers la situation future de l'entreprise acquise, et non pas être basée sur la situation actuelle ;

- si l'entreprise tient à conserver certains ou certaines gestionnaires plus particulièrement, elle doit les en informer dans les plus brefs délais (compte tenu du contexte de négociation), afin d'éviter les malentendus possibles, d'une part, et de pouvoir effectivement compter sur eux le moment venu, s'ils acceptent de demeurer en place, d'autre part.

Voyons quelques exemples à l'appui.

- À la suite de l'acquisition de Pièces Réusinées B.C. par Asbesco, des gestionnaires ont continué de remplir leurs fonctions au sein de l'entreprise acquise ; ils y ont conservé une participation de 30 % du capital-actions.

- De même, à la suite de l'acquisition d'Interglobe par Transcontinental G.T.C., un dirigeant devenu partenaire minoritaire de G.T.C. a conservé son poste de direction.

- Pour sa part, Systèmes de sécurité Unican semble apprécier, lors d'une acquisition, la présence d'un conseil d'administration ayant une vaste expérience.

8.2.2. *Le remplacement des gestionnaires*

Le remplacement éventuel des gestionnaires peut être envisagé sous deux angles (Rousseau, 1987). D'une part, il peut se faire graduellement, selon les besoins. Le terme « relève » semble bien convenir à cette situation orientée vers la « continuité de la gestion », que la relève se fasse par voie de recrutement (ou d'assignation) interne ou externe. Le remplacement peut, d'autre part, se faire systématiquement, à la suite de la décision de la direction de ne pas conserver les (ou certains des) gestionnaires de l'entreprise acquise. Dans un tel cas, l'entreprise acheteuse licencie ces gestionnaires sans autre raison, y substituant ses propres effectifs. L'expression « remplacement systématique » désigne cette situation de « rupture de la gestion ».

Précisons-le, même si l'on estime important le maintien des gestionnaires, le souci de leur remplacement répond à une saine approche de la gestion : l'exigence de la « continuité ». Cette préoccupation doit se manifester lors de l'évaluation de l'entreprise vendeuse. L'évaluation des gestionnaires permet justement d'identifier les personnes prêtes à assumer la relève, de même que les personnes intéressées à continuer d'occuper leur poste actuel ou à accéder à d'autres postes, ou encore, les personnes non suffisamment compétentes pour certains postes et qui auraient besoin de formation.

Pour connaître les besoins de relève et prévoir des moyens pour les combler en temps opportun, on devra répondre aux questions suivantes dans l'évaluation des gestionnaires : Quel est l'âge et l'état de santé des gestionnaires clés ? Quelles sont leurs motivations ? Ont-ils l'intention ou non de demeurer au sein de l'entreprise, après l'acquisition ? Quelle est la capacité de gestion des cadres intermédiaires ? Quel est le degré de dépendance de l'entreprise envers un petit nombre de gestionnaires ? Bref, on s'interroge sur la nécessité d'élaborer un plan de succession ou de remplacement et l'on identifie les leaders, actuels et potentiels (Allan, 1974 ; Jacotey, 1979 ; Morin et Chippindale, 1970 ; Silbert, 1969).

Ainsi, l'entreprise acheteuse sera-t-elle en mesure de connaître les besoins de relève ([the] *need for rebuilding*, pour reprendre une expression d'Allan, 1974), ainsi que la capacité de relève à l'intérieur de l'entreprise acquise (Newbould, 1970 ; Stoland, 1975). Qui plus est, l'entreprise acheteuse prudente s'assurera de pouvoir prendre elle-même la relève, le cas échéant. Pour ce faire, elle s'assurera de disposer de gestionnaires compétents afin de guider ou de remplacer ceux et celles de l'entreprise acquise (Newbould, 1970 ; Stoland, 1975).

L'entreprise acheteuse s'estimant capable d'assumer la relève peut décider d'investir moins d'efforts auprès des gestionnaires de l'entreprise vendeuse. Une tel calcul nous semble à courte vue. Pour assurer la croissance de l'entreprise acquise et sa croissance propre, l'entreprise acheteuse a tout intérêt à développer la capacité de gestion de l'entreprise acquise : c'est une ressource stratégique précieuse (Salter et Weinhold, 1979). En effet, si l'entreprise acheteuse ne peut assumer la relève à cause, par exemple, d'un manque de connaissances dans un domaine spécifique ou de l'absence d'un « surplus de gestionnaires », elle pourrait être prise au dépourvu advenant un problème particulier dans l'entreprise acquise, par suite du départ subit (volontaire ou involontaire) de gestionnaires clés ou de l'incapacité (non prévue) des gestionnaires en place à résoudre le problème en question.

Dans le cas d'une diversification par exemple, l'entreprise acheteuse s'avance en « terrain inconnu », du moins en partie. Il est alors possible qu'elle ne puisse facilement ou rapidement prendre la relève dans l'entreprise acquise, s'il se présente un tel besoin. C'est donc un risque additionnel qu'elle doit prendre en considération. En bref, pour éviter le risque d'une « rupture de gestion » dans l'entreprise acquise, il importe que l'entreprise acheteuse envisage l'éventualité de pouvoir prendre la relève.

Bien qu'il n'y ait pas de règles précises au sujet du maintien des gestionnaires, nous pouvons formuler quelques suggestions générales (Kitching, 1973) :

- dans le cas de propriétaires gestionnaires, si l'entreprise acheteuse est convaincue de leur motivation, elle peut les laisser gérer l'entreprise acquise. Sinon, elle doit les remplacer immédiatement après l'acquisition ;

- dans le cas de gestionnaires professionnels, on a généralement avantage à les garder, mais on pourra envisager la possibilité de les remplacer si le besoin se fait sentir ;

- dans le cas d'actionnaires minoritaires ou familiaux, il est fortement recommandé de ne pas les conserver dans l'entreprise acquise. D'une part, on souligne les problèmes qui peuvent être occasionnés par des actionnaires minoritaires bénéficiant de la protection juridique. D'autre part, on doute de l'apport efficace des membres de la famille qui occupent des postes de gestion.

Certains auteurs (dont Mace et Montgomery, 1962) conseillent aux acquéreurs de se défaire des «gestionnaires millionnaires» qui retirent une forte somme de la vente de leur entreprise. Par contre, il est généralement souhaitable que l'entreprise acheteuse conserve à son emploi les «gestionnaires propriétaires» et les «gestionnaires professionnels», du moins durant la phase d'intégration, soit au cours des deux premières années suivant l'acquisition.

Généralement, l'entreprise acheteuse n'a pas tendance à conserver «la parenté», à moins de souhaiter la présence d'un membre de la famille qui, par exemple, se fait le défenseur de l'entreprise acquise auprès de la «famille actionnaire». Après l'acquisition, cette situation peut faciliter la gestion et donner accès à des capitaux.

8.2.3. *Le renouvellement de la convention collective*

Les clauses de la convention collective en vigueur revêtent plus ou moins d'importance en tant que facteurs d'acquisition. Est-ce à dire que l'on doit négliger la convention collective? Au contraire, elle doit faire l'objet d'un examen dont les résultats servent de base à l'estimation de la situation future de l'entreprise vendeuse, advenant l'acquisition. C'est dans cette perspective que la convention collective prend ici toute son importance.

On évalue les possibilités que le renouvellement de la convention collective se fasse sans arrêt de travail (grève ou lock-out), sans heurts. On détermine aussi les modifications que l'on voudrait apporter à la convention collective et l'on estime la probabilité qu'elles soient acceptées par le syndicat. De plus, on considère les limites imposées par certaines obligations dans l'instauration de changements, ou dans des options possibles de gestion, ou dans la réalisation de certains objectifs liés à l'acquisition. Les obligations que l'entreprise acheteuse endossera à la suite de l'acquisition constituent un facteur de risque à des degrés divers.

L'entreprise acheteuse doit donc examiner (ou faire examiner) attentivement la convention collective, les contrats individuels de travail, la législation du travail. Elle évalue soigneusement les conséquences éventuelles des obligations qui en découlent (Leukart, 1984). À cet égard, des clauses de protection peuvent être introduites dans le contrat d'acquisition, s'il y a lieu, et selon la procédure usuelle.

Il est essentiel que les possibilités de changements soient clairement identifiées et qu'elles fassent l'objet de discussions *avant* l'acquisition. Par conséquent, *avant* de conclure la transaction, on essaiera de s'entendre avec le syndicat, « de se parler » (Kitching, 1973 ; Leukart, 1984 ; Riggs, 1969). Si on « oublie » de considérer les droits des employés syndiqués ou du syndicat, des poursuites judiciaires pourraient être intentées (Jacobs, 1969) et, est-il nécessaire de l'ajouter, le climat de travail de même que les résultats pourraient s'en ressentir (Likert, 1967). En somme, le droit de disposer d'une entreprise va de pair avec le respect des droits des employés (Riggs, 1969) et « devrait » se traduire, de part et d'autre, par une attitude de confiance mutuelle (Barret, 1973).

8.3. L'examen des liens à établir entre les deux entreprises, acheteuse et vendeuse

L'examen des liens à établir avec l'entreprise éventuellement acquise repose sur trois aspects reliés aux ressources humaines : la compatibilité de gestion, les répercussions de l'acquisition sur le personnel et l'intégration des ressources humaines.

8.3.1. *La compatibilité de gestion*

La compatibilité de gestion désigne la capacité de travailler ensemble, qui s'exprime par les attentes réciproques et par des cultures conciliables dans les deux entreprises (Segnar, 1985 ; Siehl *et al.*, 1988). Non seulement une grande entreprise diffère-t-elle d'une PME, une entreprise de service d'une entreprise de fabrication, une entreprise du secteur public d'une entreprise du secteur privé, mais de plus, chacune des entreprises a sa personnalité particulière qui en fait une entreprise unique (Schein, 1984).

Il s'agit donc d'un élément essentiel de l'examen de l'entreprise vendeuse et l'on agirait imprudemment en le négligeant ou en sous-estimant l'importance. À tout le moins, une certaine compatibilité de gestion entre les deux entreprises semble nécessaire et est généralement perçue comme un facteur de succès de l'acquisition (Fishman, 1984 ; Kraber, 1970 ; MacDougal et Malek, 1970 ; Mintern, 1972 ; Segnar, 1985).

Aussi la compatibilité de gestion doit-elle faire l'objet de considération dans l'examen des liens à établir entre les deux entreprises, acheteuse et vendeuse. Il n'est pas sage de vouloir réunir des styles différents dans une association proche. Si le succès, par exemple, dépend de la recherche et du développement, une gestion souple est requise de la part des deux entreprises, acheteuse et vendeuse. Si l'entreprise acheteuse s'harmonise difficilement avec l'entreprise acquise, le désinvestissement peut alors devenir un moindre mal. C'est, du moins, ce que démontre l'expérience dans les acquisitions (« It was a good business, but not under our management. It continues to succeed under the original owner-man which bough it back from us. » Fishman, 1984, p. 14).

Quels éléments doivent être compatibles ? La compatibilité doit-elle s'exprimer en matière de culture ou de valeurs (Segnar, 1985), d'expérience ou de vécu (Fishman, 1984), de style de gestion ou de relations interpersonnelles (Mintern, 1972 ; MacDougal et Malek, 1970 ; Leighton et Tod, 1969) ? Quel degré (ou quelle étendue) de la compatibilité est-il souhaitable d'atteindre ?

Un élément semble essentiel au succès de l'acquisition : la « bonne » communication entre les dirigeants et les gestionnaires clés des deux entreprises. Quel que soit le degré d'autonomie ou le mode d'intégration de l'entreprise acquise, il semble vital que les deux parties aient des relations harmonieuses, sans qu'elles atteignent le niveau souhaité par certains auteurs (dont Leighton et Tod, 1969).

La présence de profondes divergences de vue, d'attitudes irréconciliables, de conflits interpersonnels, peut conduire au remplacement éventuel des dirigeants ou des gestionnaires clés de l'entreprise vendeuse, une fois acquise. Cependant, et là est toute la question, la phase d'intégration constitue un moment critique de l'acquisition qui en détermine bien souvent le succès ou l'échec. Toutes les énergies doivent être canalisées en vue de cette réussite. D'où l'importance, et même l'extrême importance, de la présence d'une « bonne » communication interpersonnelle entre les dirigeants et les gestionnaires clés des deux entreprises.

Quant à la compatibilité de la culture, de l'expérience, du style de gestion, son importance semble relative aux objectifs de l'acquisition et au degré d'autonomie de l'entreprise acquise. Si l'on prévoit que l'entreprise acquise conservera son autonomie, son style de gestion peut rester différent de celui de l'entreprise acheteuse, si cela est jugé tolérable. Par contre, les deux entreprises, acheteuse et acquise, ne peuvent « cohabiter » pacifiquement que si, et seulement si, les dirigeants et les gestionnaires clés s'entendent entre eux. Évidemment, la présence de points communs contribue à cette bonne entente, mais elle n'est pas une condition essentielle au respect mutuel et au franc dialogue, du moins à ce que nous avons pu constater. Si l'entreprise acheteuse vise la diversification, par exemple, les points de compatibilité entre les deux entreprises peuvent se révéler peu nombreux (Le Goc, 1976). Si la direction des deux entreprises s'entend, les entreprises peuvent très bien fonctionner, chacune de son côté, dans le respect mutuel, sans pour autant être compatibles à cent pour cent. Essentiellement, l'entreprise acheteuse doit se demander : Serons-nous capables de travailler ensemble ?

Depuis quelques années, le marché favorise la réunion des télécommunications et de l'informatique, bien que ces domaines aient plutôt tendance à se concurrencer qu'à s'intégrer. Néanmoins, la demande concernant des solutions globales à la gestion de l'information pousse certaines entreprises à associer leur expertise.

- L'acquisition de Douserv Télécom inc. par la firme de conseillers en informatique Drouin, Painchaud, Longchamp et Associés (DPLA), de même que l'acquisition de la compagnie de télécommunications Paul Gratton par DMR, conseillers en informatique, en sont deux exemples.

  Il y a lieu de penser que la compatibilité entre des entreprises traditionnellement considérées comme des « sœurs ennemies » est plutôt mince. Dans le cas de DPLA et Douserv, on sait que les deux entreprises devaient garder leur autonomie après l'acquisition, mais qu'il y aurait eu par la suite un échange de personnes entre les deux conseils d'administration et entre les postes de vice-présidence à la coordination. Il peut s'agir d'une façon de rapprocher graduellement les deux domaines ou, à tout le moins, de créer des liens entre des postes stratégiques communs.

- Pour sa part, au moment de l'acquisition de Pièces Réusinées B.C., Asbesco a exprimé son intention de procéder à des changements culturels dans l'entreprise. Motivation et engagement des employés, réorganisation du travail, entente avec les syndicats : tels étaient les points d'intervention visés afin d'atteindre l'objectif poursuivi.

8.3.2. *Les répercussions de l'acquisition sur le personnel*

Enfin, on examine les répercussions de l'acquisition sur le personnel de l'entreprise acheteuse et de l'entreprise éventuellement acquise, sous l'angle des liens à établir entre les deux entreprises, si la transaction est conclue. Il semble qu'on doit être particulièrement attentif au moral des employés (Imberman, 1985) et voir à instaurer de bonnes communications entre le personnel des deux entreprises. On s'efforce d'éviter que les problèmes d'une entreprise se transfèrent dans l'autre et prennent ainsi de l'ampleur. Reconnaître l'état d'inquiétude créé par l'acquisition, informer les employés sans délai : voilà deux des moyens proposés pour maintenir le moral des employés et contribuer au succès de l'acquisition (Imberman, 1985) [3].

Présentons quelques exemples.

- Il semble que la Banque Nationale ait tiré des leçons de ses activités antérieures de fusion, dont celle de la Banque Provinciale avec la Banque Canadienne Nationale (en 1979) qui avait occasionné nombre de mises à pied et créé bien des tensions. Aussi la Banque Nationale a-t-elle voulu réaliser en douceur l'intégration de Lévesque Beaubien, maison de courtage, aidée en cela, il faut bien le dire, par le fait que celle-ci avait déjà procédé au licenciement de quelque 400 personnes à la suite du krach de 1987.

- Par contre, l'acquisition de Federated Department Stores par Robert Campeau a entraîné une suite de licenciements visant à réduire les frais d'exploitation et à rentabiliser les magasins. Ainsi, les magasins Lazarus auraient réduit leur personnel de 8 % ; Foley's Department Stores, de 5 % ; Rich's Department Stores, de près de 3 %.

---

3. Surtout, dit l'auteur (Imberman, 1985), s'il s'agit d'une entreprise de services, car le personnel constitue son actif (*Assets are its people*).

- À la suite de l'acquisition de l'usine de Weston à Longueuil, Nabisco comptait effectuer des mises à pied. Les employés auraient touché une indemnité de licenciement.

8.3.3. *L'intégration des ressources humaines*

Comment développer un sentiment d'appartenance chez les nouveaux membres du personnel ? Comment arriver à ne former qu'une seule population à partir des deux groupes ? Voyons des exemples afin de répondre à ces interrogations.

- Il semble qu'Atlantique Image et Son ait trouvé une formule originale : un centre récréatif pour le personnel. Ce centre, nommé CREME, a servi de lieu de rencontres et d'échanges entre les « anciens » employés, ceux des magasins Atlantique Image et Son, et les « nouveaux », ceux des magasins de l'entreprise Marché de l'électronique, devenue une division de la première.

- Le changement de nom de l'entreprise acquise constitue une autre façon de développer un sentiment d'appartenance, ou encore de le signaler. Par exemple, Sterling Trust, filiale de Trust Général (acquise en 1980), est devenue en 1988 Trustco Général pour marquer son appartenance à celle-ci. Par contre, Sherbrooke Trust, autre filiale de Trust Général (acquise en 1957), a conservé son identité.

- L'entreprise Paul Sicotte et Fils a été marquée par une série d'actions visant à en signaler la nouvelle identité et la nouvelle stratégie. On a, par exemple, changé le nom de l'entreprise pour Sicotte International, on a aussi changé de logo et réaménagé les locaux administratifs. De plus, on a rapproché physiquement l'entreprise acquise, Contrôles Alpha, de Sicotte International, sise à Sainte-Thérèse, en la faisant déménager de Trois-Rivières à Boisbriand.

CHAPITRE 9

LES FACTEURS ADMINISTRATIFS

La considération des aspects administratifs vient compléter l'examen de l'entreprise vendeuse. Bien que les facteurs généraux y soient moins nombreux, ils n'en sont pas pour autant des facteurs d'importance secondaire. Au contraire, ce sont des facteurs importants qui méritent attention.

Toutefois, hormis certains aspects particuliers considérés lors de l'évaluation, on a tendance à laisser aux gestionnaires qui seront en place après l'acquisition le soin de traiter des aspects additionnels possibles. Ils se verront également confier la révision et la mise en œuvre du plan d'intégration, du moins en partie.

9.1. L'examen de la situation présente de l'entreprise vendeuse

Un seul élément fait l'objet de l'examen de la situation présente, il s'agit du contrôle interne.

9.1.1. *Le contrôle interne*

Au moment de l'évaluation de l'entreprise vendeuse, on examine avec soin le contrôle interne qui y est exercé. On s'assure de l'existence de mécanismes suffisants (procédures, etc.) et de la qualité du contrôle interne, car ces éléments contribuent à la validité des résultats financiers. De plus, le contrôle interne fournit un indice de la compétence des gestionnaires.

Cela posé, on distingue les mécanismes de contrôle interne du contrôle interne comme tel, en accordant à ce dernier plus d'importance qu'aux mécanismes. En effet, c'est le contrôle interne lui-même qui compte ; les mécanismes sont simplement des moyens pour y parvenir. Qui plus est, l'instauration de contrôles internes immédiatement après l'acquisition constitue un facteur essentiel au succès de l'acquisition. Sur ce point, tous les intervenants et intervenantes sont unanimes : c'est une condition *sine qua non* du succès de l'acquisition. La question qu'on se pose n'est donc pas : Faut-il instaurer des contrôles ? mais bien plutôt : Quels contrôles faut-il établir ? (Arnold, 1970)

Au cours de la phase « post-acquisition », il n'est pas nécessaire qu'on instaure un système d'information complet, il peut même être nocif de le faire à ce moment (nous reviendrons plus loin sur ce point). Par contre, l'établissement d'un système d'information de base fournissant des données sur les variables clés est un élément critique (Kitching, 1973). Certains auteurs estiment impérieux que des rapports appropriés soient produits, fournissant les « bonnes » informations aux « bonnes » personnes, au « bon » moment, de façon à ce qu'on puisse prendre des mesures adéquates en temps opportun (de Woot, 1984 ; Malott *in* Alberts et Segall, 1974).

Lors d'acquisitions, bien des petites et moyennes entreprises ont un système d'information inadéquat. Il importe donc qu'on mette sur pied, sans délai, un système qui puisse fournir les informations nécessaires au contrôle et à la gestion. Même si un système existe déjà, il est nécessaire qu'on en fasse la révision et qu'on y apporte graduellement, selon un échéancier, des modifications appropriées (Riggs, 1969).

Dans toutes les interventions, on ne doit pas perdre de vue le double but du contrôle interne : satisfaire aux exigences de contrôle de l'entreprise acheteuse, *et* soutenir les efforts de l'entreprise acquise et l'aider à améliorer ses performances (Arnold, 1970). Sinon, le système d'information comptable et financier peut impliquer des coûts improductifs : il ne remplit pas adéquatement son rôle, car il empêche « les autres » de remplir leur fonction. En quelque sorte, on doit éviter de « détourner » les énergies génératrices de résultats positifs (Slater, 1972). Précisons, de plus, que les chiffres, en eux-mêmes, ne suffisent pas au contrôle (Kitching, 1973) ; il est essentiel d'instaurer un système de communication adéquat et d'assigner des responsabilités.

À court terme, il peut être plus facile, et sûrement plus expéditif, d'imposer des contrôles et des procédures. Cependant, à plus long terme, cette façon de procéder peut constituer une source de difficultés, car l'imposition de contrôles rigides peut nuire, notamment à la motivation (Jones, 1985). Ces contrôles peuvent alors être perçus comme arbitraires, car ils exigent du temps et des efforts et se révèlent généralement improductifs. Des contrôles rigides présentent habituellement des difficultés techniques pour l'entreprise acquise et suscitent des conflits, de la résistance au changement ; ils peuvent même devenir « dysfonctionnels ». L'établissement de contrôles est donc une tâche qui demande du « savoir-faire » (Jones, 1985).

En somme, on peut distinguer deux types de contrôle : le contrôle classique ou traditionnel, et le contrôle appartenant au processus d'information stratégique. Dans le premier cas, le système d'information comptable et financier est perçu comme un système fermé, axé uniquement sur les outils comptables ou financiers. Dans le second cas, ce système est perçu comme un processus d'information intégré à l'ensemble de l'information dans l'entreprise. De fait, le système d'information comptable et financier fait partie intégrante de l'entreprise et, conjointement avec les autres systèmes d'information, il y remplit divers rôles : il facilite l'intégration organisationnelle, aide à la décision, mesure les performances, intervient dans la délégation de l'autorité, communique des objectifs, etc. (de Woot, 1984).

C'est *ce* contrôle stratégique qui est notamment requis au cours de la phase d'intégration de l'entreprise acquise. On met alors l'accent sur le contrôle interne, sur l'information même et non pas sur les mécanismes de contrôle. Évidemment, l'information comptable et financière doit être, et doit demeurer, exacte, rigoureusement définie et détaillée, formalisée. Il est essentiel d'assurer la continuité, d'éviter des ambiguïtés ; de plus, personne, ni rien, ne doit échapper au contrôle interne, même si l'on opte pour un système d'information comptable et financier intégré à l'ensemble des systèmes d'information de l'entreprise (de Woot, 1984).

Illustrons donc, à l'aide d'exemples, cette question du contrôle interne.

- Dans les dossiers d'acquisition que nous avons examinés, nous avons pu constater que le contrôle interne faisait effectivement l'objet d'un examen attentif. Dans tous les cas, les mécanismes de contrôle interne étaient décrits et l'on communiquait les résultats de l'examen du contrôle interne. Ainsi, dans un cas où des faiblesses avaient été relevées, on les a attribuées au pouvoir d'intervention limité du contrôleur et non pas à un manque de rigueur ou de compétence de sa part.

- De même, durant la période qui suit la transaction, la vigilance de l'entreprise acheteuse demeure essentielle. L'acquisition de Gelco Express, un service de messageries, par Air Canada (en 1986), peut servir ici d'illustration. En effet, la presse a justement fait état de problèmes d'ordre administratif éprouvés par Gelco et mis à jour par la vérification interne (en 1988). Air Canada envisagerait de céder une division de Gelco Express à Purolator Courrier (contrôlée par Onex Corp.) et de prendre une participation minoritaire dans Purolator Courrier.

9.2. L'examen de la situation future de l'entreprise vendeuse

En ce qui concerne l'administration de l'entreprise sous examen, on prête attention à la présence d'actionnaires minoritaires et l'on se questionne sur l'opportunité de les conserver ou non. C'est là le seul point sur lequel se penche l'entreprise acheteuse, lors de l'examen de la situation future de l'entreprise vendeuse.

9.2.1. *Les actionnaires minoritaires*

Généralement, l'entreprise acheteuse préfère acquérir le contrôle entier de l'entreprise vendeuse et éviter ainsi la présence d'actionnaires minoritaires. Cependant, bien souvent, des actionnaires minoritaires demeurent dans l'entreprise, du moins durant les premières années de l'acquisition (Kitching, 1973). Bien que leur présence puisse être gênante à certains égards, il semble que, loin de nuire à l'entreprise acheteuse, les actionnaires minoritaires peuvent apporter une contribution valable à l'administration de l'entreprise nouvellement acquise. Il n'en demeure pas moins qu'ils ne sont pas nécessairement les bienvenus dans l'entreprise acquise, même si les échanges avec les actionnaires minoritaires n'atteignent pas tous l'ampleur ni l'aigreur de ceux de Daimler-Benz et de la famille Dormier (actionnaire minoritaire, au moment où Daimler-Benz s'apprêtait à prendre le contrôle de Messerschmitt Boelkow Blohm (MBB), un géant de l'industrie de l'armement).

Dans certains cas, l'entreprise acheteuse réagit positivement au maintien d'actionnaires minoritaires, pouvant même le souhaiter pour diverses raisons. De plus, il arrive qu'une entreprise achète d'abord une participation minoritaire et devienne ensuite l'actionnaire majoritaire. À cet égard, il existe toute une gamme de possibilités.

- À la suite de l'acquisition, par Québécor, de la plupart des activités d'imprimerie de BCE (Bell Canada Entreprises), celle-ci a obtenu 21 % des actions de Québécor et deux sièges (sur 11) au conseil d'administration. Les actions (de classe B) comportaient un droit de vote de 3 % ; Pierre Péladeau, président de Québécor, a conservé environ 51 % des actions.

- En 1988, on apprenait que le Groupe suisse de réassurances prenait une participation minoritaire dans le Groupe Sobeco, entreprise spécialisée dans les conseils en actuariat et en avantages sociaux, qui offre aussi des conseils en ressources humaines et en informatique. Il semble bien que cette participation minoritaire (qui devrait demeurer telle) ait été convenue à la satisfaction des deux parties contractantes.

9.3. L'examen des liens à établir entre les deux entreprises, acheteuse et vendeuse

Quels liens seront (ou pourraient être) établis avec l'entreprise vendeuse ? Pour répondre à cette interrogation, l'entreprise acheteuse considère deux éléments : les attentes mutuelles des deux entreprises (acheteuse et vendeuse), ainsi que la complémentarité de points spécifiques.

9.3.1. *Les attentes mutuelles*

Si importants que soient les objectifs et les attentes de l'entreprise acheteuse, celle-ci ne saurait s'y limiter. Au contraire, elle favorisera aussi l'expression des attentes de l'entreprise vendeuse et tentera de les harmoniser avec ses propres objectifs. D'ailleurs, on sait que la prise en considération des attentes mutuelles contribue généralement au succès de l'acquisition (Arnold, 1970).

Au cours de l'évaluation de l'entreprise vendeuse et de la négociation, l'entreprise acheteuse s'applique donc à connaître les attentes de l'entreprise vendeuse. Pour ce faire, une pratique de gestion consultative ou un style de gestion participatif s'avère généralement une approche efficace (Leighton et Tod, 1969). La tenue de rencontres informelles favorise aussi l'expression des attentes mutuelles. Lors de ces rencontres, les désaccords peuvent s'exprimer plus ouvertement ; on identifie des problèmes, puis on tente d'y trouver des solutions acceptables pour les deux parties, dans un effort mutuel de bonne entente (Harvey et Newgarden, 1969). Il est conseillé de ne rien changer dans l'entreprise acquise, d'une façon unilatérale, sans qu'il n'y ait eu des échanges préalables (Arnold, 1970).

En somme, au moment de l'évaluation de l'entreprise vendeuse, on veillera à créer un climat de confiance entre les deux entreprises, acheteuse et vendeuse, un climat propice aux échanges et aux discussions de fond (Kitching, 1973).

À ce que nous sachions, la capacité de répondre à des besoins d'information est l'une des attentes les plus courantes de l'entreprise vendeuse envers l'entreprise acheteuse, et ce, qu'il s'agisse de production de biens ou de services, d'organisation des ventes ou des réseaux de distribution, de rationalisation, etc. Les apports de l'entreprise acheteuse en cette matière sont souvent notables, notamment, à l'égard des petites et des moyennes entreprises acquises qui peuvent ainsi poursuivre leur développement.

L'entreprise qui procède à une évaluation satisfaisante de l'entreprise vendeuse dispose dès lors d'informations cohérentes et adéquates qui lui seront utiles, voire indispensables, durant la phase d'intégration. De cette façon, elle peut s'affirmer comme un leader inspirant confiance et respect, calmer bien des appréhensions et, parfois même, des rumeurs [1].

À ce que nous sachions, l'entreprise vendeuse manifeste souvent le désir de garder un certain degré d'autonomie. Il arrive parfois qu'une telle attente soit partagée par l'entreprise acheteuse.

Mentionnons quelques exemples portant sur les attentes des parties contractantes ou de l'une d'elles.

---

1. Soulignons, en passant, un volume qui traite de la question des rumeurs : Kapferer, J. N., *Rumeurs. Le plus vieux média du monde*, Paris, Éditions du Seuil, 1987, 320 p.

- Il semblerait que Laidblaw Transportation, acquise par Canadien Pacifique en 1989, et spécialisée dans le transport scolaire et la gestion des déchets, ait pu conserver son style de gestion entrepreneurial qui en a largement fait le succès.

- La prise de participation du Groupe suisse de réassurances dans le Groupe Sobeco (dont il a été question à la section 9.2.1.) répondrait vraisemblablement aux attentes mutuelles des deux entreprises. D'une part, la première déjà présente au Canada (détentrice de la Compagnie canadienne de réassurance, entre autres) pourra y étendre ses activités ; d'autre part, la seconde obtiendra du capital et un accès à des marchés. De plus, le Groupe Sobeco pourra conserver le contrôle de la firme de consultation qu'il tenait à préserver, afin de garantir l'indépendance professionnelle. De fait, le Groupe suisse de réassurances aurait accepté cette exigence en consentant de devenir (et de demeurer) un actionnaire minoritaire.

- À l'inverse, et bien qu'il n'y ait pas eu de transaction dans ce cas, mentionnons que le fait que Caldwell International, une firme de recrutement de cadres, ait décidé de devenir une entreprise publique aurait provoqué le départ de deux cadres importants du bureau de Montréal. Ce changement d'orientation et ses conséquences sur les mandats ne semblaient pas correspondre aux attentes de ces deux cadres en matière d'indépendance professionnelle.

9.3.2. *La complémentarité spécifique*

Les objectifs économiques de l'acquisition déterminent, dans une certaine mesure, le degré possible de compatibilité entre les deux entreprises. Par exemple, si l'entreprise acheteuse vise la diversification, les points communs avec l'entreprise vendeuse risquent d'être peu nombreux (Le Goc, 1976), et inversement si elle vise plutôt l'intégration. D'après certaines recherches (Kusewitt, 1985, en fait état), la complémentarité entre les entreprises, acheteuse et vendeuse, semble avoir en moyenne un effet positif sur la performance. À notre avis, cet avantage probable doit être mis en parallèle avec les possibilités qu'offre la « non-complémentarité », eu égard aux objectifs de l'entreprise acheteuse et de son plan stratégique.

Dans l'ensemble, on examine la complémentarité en vue de miser sur des forces ou de combler des faiblesses de l'une ou l'autre des entreprises, acheteuse et vendeuse (Salter et Weinhold, 1981) ou encore, en vue de répondre à des attentes de l'entreprise vendeuse. Au moment de l'évaluation de l'entreprise vendeuse, on fait porter l'examen de la complémentarité principalement sur des points particuliers. D'où la signification du terme « spécifique ».

Des considérations plus générales interviennent habituellement lors de l'élaboration du plan stratégique et du plan d'acquisition qui en découle. Il peut s'agir, par exemple, de la structure organisationnelle, de la force de vente (Business International, 1982), des modalités de gestion, de production, etc. Mais, au premier chef, on évalue la complémentarité des systèmes d'information comptable en ce qui a trait aux méthodes, aux normes, aux procédures comptables et financières (Lefkowitz, 1978), afin d'assurer le contrôle interne (après l'acquisition) et de planifier l'intégration éventuelle des deux systèmes d'information. L'examen des systèmes informatiques, s'il y a lieu, apporte un supplément d'informations concernant la compatibilité des systèmes, la transférabilité des données, etc. Il en va de même pour les systèmes informatiques servant à la production de biens ou de services, dans le cas, par exemple, de la conception et de la fabrication de produits assistées par ordinateur (CFAO).

Comme on le sait, l'information est une ressource stratégique majeure (Northern Telecom, 1985) et constitue, de ce fait, un élément important de la gestion de l'entreprise. Aussi, au moment de l'acquisition, le système d'information de gestion (Sylvain, 1982) fait-il l'objet d'un examen particulier (Hovers, 1973).

En définitive, l'examen de la complémentarité spécifique peut conduire l'entreprise acheteuse à la décision d'intégrer (ou non) certains éléments de l'entreprise vendeuse et de prévoir les modifications requises à cet effet. Il lui permet également d'identifier certains avantages économiques et financiers découlant de l'acquisition. Cet aspect de la question sera traité au chapitre 10, lors de la discussion sur l'intégration spécifique.

Pour terminer, voyons quelques exemples de complémentarité spécifique.

- Les acquisitions de firmes de courtage par des institutions bancaires, faisant suite au décloisonnement des institutions financières, constituent très certainement des exemples de complémentarité spécifique. Désormais, les institutions bancaires peuvent offrir aux entreprises un plus large éventail de services, entre autres, en matière de financement, d'acquisitions et de fusions.

- Le regroupement de trois petites entreprises spécialisées en géophysique a conduit à la formation d'une nouvelle entité, Sial Géoscience, dont le capital-actions appartient à quatre actionnaires et le chiffre d'affaires est de moins de cinq millions de dollars (en 1989).

  Ainsi, Sial Géoscience réunit-elle les activités complémentaires et saisonnières de Relevés géophysiques (relevés héliportés), de Sial, compagnie internationale de géophysique (prospection en mers et en sol) et d'ACSI Géoscience (traitement informatique des données). La première entreprise était surtout active en automne et en hiver et la deuxième, en été ; quant à la troisième, elle traitait des données géophysiques.

- L'acquisition récente de l'usine Gants Auclair (en 1989) a permis à Gants Paris de compléter sa gamme de produits. Désormais, celle-ci offre une gamme complète de gants de sport, de mode et de travail, en plus d'accessoires vestimentaires et de vêtements de sécurité. Les trois filiales de l'entreprise (Gants Paris), Gants Auclair, Ganterie Laurentide et Paris Sports peuvent donc s'appuyer sur des activités complémentaires de fabrication, de développement de produits, de distribution, d'importation et de marketing.

- L'entreprise Héroux, spécialiste en trains d'atterrissage et en servomécanismes, a pu consolider sa position dans le marché de l'aéronautique en acquérant deux entreprises américaines dont les activités sont complémentaires aux siennes, soit, McSwain Manufacturing, un fabricant de pièces de précision (en 1987) et A.B.A. Industries, fabricant de moteurs à réaction (en 1988).

QUATRIÈME PARTIE

LES FACTEURS SPÉCIFIQUES D'ACQUISITION

SOMMAIRE SCHÉMATIQUE

LES FACTEURS SPÉCIFIQUES D'ACQUISITION

Chapitre 10. LES FACTEURS FINANCIERS

10.1. L'examen de la situation présente de l'entreprise vendeuse

    10.1.1. L'analyse financière globale
    10.1.2. L'analyse financière d'éléments particuliers
    10.1.3. Le pronostic de rentabilité
    10.1.4. L'évaluation financière

10.2. L'examen de la situation future de l'entreprise vendeuse

    10.2.1. Les répercussions des décisions financières sur la rentabilité future de l'entreprise vendeuse

10.3. L'examen des liens à établir entre les deux entreprises, acheteuse et vendeuse

    10.3.1. L'intégration spécifique

Chapitre 11. LES FACTEURS AUTRES QUE FINANCIERS

11.1. L'examen de la situation présente de l'entreprise vendeuse

    11.1.1. Les facteurs stratégiques
        A. — La capacité de croissance
    11.1.2. Les facteurs reliés aux ressources humaines
        A. — La compétence des gestionnaires
        B. — Le niveau comparatif de la rémunération
        C. — L'apport des ressources humaines
    11.1.3. Les facteurs administratifs
        A. — L'indépendance économique

11.2. L'examen de la situation future de l'entreprise vendeuse

    11.2.1. Les facteurs stratégiques
    11.2.2. Les facteurs reliés aux ressources humaines
        A. — Le maintien (ou non) des gestionnaires
        B. — Les problèmes prévisibles de relations de travail
        C. — Les modifications du régime de retraite
    11.2.3. Les facteurs administratifs
        A. — La poursuite des activités d'exploitation

11.3. L'examen des liens à établir entre les deux entreprises, acheteuse et vendeuse

    11.3.1. Les facteurs stratégiques
    11.3.2. Les facteurs reliés aux ressources humaines
        A. — L'intégration des gestionnaires
        B. — La compatibilité des avantages sociaux
    11.3.3. Les facteurs administratifs

CHAPITRE 10

LES FACTEURS FINANCIERS

Nombre de facteurs financiers interviennent dans la détermination du prix, comme on peut s'y attendre. Le réseau de facteurs financiers met en évidence les facteurs absolument essentiels à considérer.

Notons que nous aurions pu présenter ici les facteurs reliés à la rémunération, qui recouvrent des aspects financiers et des aspects reliés aux ressources humaines. Cependant, nous avons choisi d'en discuter lors de l'examen des facteurs reliés aux ressources humaines [1], afin de réunir tous les aspects qui s'y rapportent.

Enfin, soulignons que les exemples apportés dans ce chapitre (de même que dans le chapitre 11) sont uniquement destinés à servir d'appui à nos propos. Par conséquent, il n'y est pas présumé que l'entreprise acheteuse ait vraiment fait intervenir tel ou tel facteur dans la détermination du prix. Vu le contexte privé de la détermination et de la négociation du prix, il s'agit, tout simplement, d'illustrations.

---

1. Voir, au chapitre 11, les sections intitulées « Les facteurs reliés aux ressources humaines ».

10.1. L'examen de la situation présente de l'entreprise vendeuse

Pour tracer le « profil financier » de l'entreprise vendeuse, on fait appel à nombre d'éléments. Tout d'abord, on procède à l'analyse financière globale ainsi qu'à l'analyse, plus détaillée, d'éléments particuliers. Le pronostic de rentabilité et l'évaluation financière viennent compléter l'examen de la situation présente.

10.1.1. *L'analyse financière globale*

En matière d'acquisition, l'analyse financière minutieuse permet de scruter la situation financière de l'entreprise vendeuse et ses résultats d'exploitation. Cette analyse porte usuellement sur les cinq dernières années ; elle permet à l'entreprise acheteuse de dégager des tendances et de porter un jugement sur les perspectives d'avenir de l'entreprise vendeuse. L'examen porte aussi sur les rapports internes et surtout sur les budgets (Campbell, 1975, 1984 ; Morin et Chippindale, 1970, entre autres).

L'analyse financière révèle des points forts et des points faibles de l'entreprise vendeuse, fait ressortir des problèmes, permet d'orienter des investigations plus poussées sur certains points (comptes clients, stocks, etc.) et fournit aussi des indications qui interviennent en matière de protection juridique et de fiscalité. De plus, si l'acquisition a lieu, un apport important de cette analyse réside en ce qu'elle peut fournir à la direction une base pour donner des directives à l'équipe de gestion, et ce, au moment opportun, sans délais indus.

Dans le contexte de l'acquisition, les faits marquants et les principales données financières sont nettement mis en évidence, de façon à attirer l'attention sur les « éléments exceptionnels » qui méritent une considération particulière. Par conséquent, les détails de l'analyse ainsi que les états financiers ou les rapports apparaîtront dans des annexes, à titre d'appui à l'analyse principale.

L'entreprise acheteuse se demande alors s'il lui est possible de remédier à certaines situations peu favorables, par exemple le manque de liquidités, le coût trop élevé du produit, etc. À l'inverse, elle se soucie du maintien et du développement des conditions favorables décelées lors de l'examen. Assurément, de telles considérations peuvent intervenir dans la détermination et la négociation du prix de l'entreprise vendeuse en le faisant fluctuer, soit à la baisse, soit à la hausse.

Entre autres, l'entreprise acheteuse peut prévoir injecter des capitaux afin de remédier aux difficultés financières de l'entreprise vendeuse et d'en assurer le développement.

- Par exemple, ce serait le cas de l'entreprise Jolidata, distributeur et franchiseur en informatique, acquise à parts égales par Calculus et Multisolutions, spécialisées dans le même domaine.

- Il en serait de même de certaines entreprises acquises par RCR International, fabricant de coupe-froid, d'isolants, de tuyaux, etc.

Ou encore, la connaissance des difficultés financières d'une entreprise et le dessein d'y remédier peuvent inciter des cadres ou des membres du personnel à présenter une offre d'achat à «leur employeur».

- Ainsi, il est connu que la fondatrice de Fourgons Transit, auparavant employée dans une entreprise fabriquant des boîtes de camion, a été congédiée pour avoir présenté une telle offre. À la suite de cette déconvenue, elle a créé sa propre entreprise dans le même domaine.

10.1.2. *L'analyse financière d'éléments particuliers*

Les comptes clients, les stocks, les actifs superflus (ou « redondants »), les immobilisations, les éléments du passif, l'achalandage : tels sont les principaux éléments considérés dans l'analyse financière de l'entreprise vendeuse (Campbell, 1975, 1984 ; Morin et Chippindale, 1970).

L'examen des comptes clients repose sur des données factuelles : liste des clients et des services rendus, montant de chacun des comptes importants, etc. Si l'on y décèle une rotation lente, des retards de paiement, des créances «douteuses», des délais de facturation, des problèmes de recouvrement et autres, on soulève et examine ces problèmes particuliers et l'on indique les mesures prises (ou à prendre) pour corriger ces situations.

- À titre d'exemple, mentionnons l'acquisition de la clientèle de Sogecar, composée d'investisseurs (représentant environ 8 000 comptes), par McNeil Mantha, courtier en valeurs mobilières.

- Il va sans dire que l'examen des comptes clients porte sur nombre d'aspects, telles la qualité, la fidélité (probable) de la clientèle, sa capacité de payer, sa solvabilité, etc. À titre indicatif, mentionnons que le Groupe Goyette, qui offre des services de transport, d'entreposage et de transbordement intermodal, dessert une « clientèle de choix », composée principalement de grandes entreprises spécialisées dans l'industrie du papier et l'industrie agro-alimentaire.

Évidemment, la présence des stocks est strictement reliée au type d'entreprise. Généralement, la valeur des stocks indiquée au bilan (états financiers vérifiés) est considérée comme leur valeur réelle. Toutefois, un ajustement du prix pourrait survenir, par exemple, en cas de « surévaluation » des stocks. Par ailleurs, une rotation lente des stocks peut indiquer l'existence de problèmes et, par conséquent, la possibilité d'erreurs dans les montants antérieurs de bénéfices nets (et autres). Vu leur impact possible et important sur la détermination du prix d'acquisition, les stocks font l'objet d'une attention particulière.

Dans l'examen détaillé des éléments de l'actif, on vérifie la présence d'actifs superflus, car leur valeur peut être soustraite du prix d'acquisition. En pareil cas, on procèdera aux mesures correctives nécessaires.

Bien que les immobilisations puissent revêtir une importance inégale selon le type d'entreprise et la nature de la transaction (achat d'actions ou achat d'actifs), on a avantage à s'assurer de leur qualité. Toutes choses égales d'ailleurs, des actifs de qualité supérieure peuvent générer des bénéfices à plus long terme que des actifs de qualité moindre. L'état du matériel et de l'outillage exerce un effet sur la production, sa qualité et ses coûts ; leur remplacement peut modifier le prix de revient. L'état des immobilisations constitue donc un facteur pouvant avoir une incidence sur le prix d'acquisition. Aussi les contrats d'acquisition ou les offres d'achat contiennent-ils habituellement des clauses spécifiques concernant les immobilisations, s'il y a lieu.

- Par exemple, Services Carex a retiré son offre d'achat concernant le réseau de résidences pour personnes âgées, Les Marronniers, détenu par le Groupe Paré. Une clause de l'offre d'achat l'autorisait à retirer son offre après l'inspection des immeubles.

Parmi les immobilisations, il peut être utile de distinguer celles qui seront utilisées après l'acquisition, de celles qu'il serait profitable de vendre. Les unes peuvent être évaluées à leur valeur de remplacement et les autres, à la valeur nette de réalisation, par exemple. Ajoutons que si la vente d'immobilisations intervient dans le financement, on devra tracer un plan de leur disposition de façon à ce que l'entreprise acheteuse puisse agir dans les meilleurs délais, une fois la transaction conclue. Notons qu'une telle approche s'inscrit dans une optique de saine gestion et fait désormais partie, comme nous l'avons souligné, du comportement des entreprises en matière d'acquisition.

- Il est connu, par exemple, qu'Imasco a financé une bonne partie de l'acquisition de Genstar au moyen de la vente d'actifs de cette dernière, la mainmise sur Canada-Trust Permanent (appartenant à Genstar) étant l'objectif visé par la transaction. La réussite de cette importante vente d'actifs (de plus de 3 milliards de dollars par rapport à une transaction de 4,9 milliards) dans un court délai laisse supposer l'existence d'un plan de disposition habilement élaboré et mis en œuvre au moment voulu. Bien que la vente d'actifs dans un but de financement soit rarement d'une aussi grande envergure, il n'en demeure pas moins que les règles de base demeurent les mêmes, et elles se résument en quelques mots : prévoir et agir en temps opportun.

Dans le cas d'achat d'actions, l'entreprise acheteuse assume les dettes de l'entreprise vendeuse ; aussi la nécessité de connaître ces dettes afin d'établir un prix en conséquence s'impose-t-elle d'elle-même. On peut même constater parfois que les difficultés financières d'une entreprise remontent, en fait, à son acquisition et seraient dues à des passifs non déclarés. Nous ne saurions trop insister sur l'importance de l'examen du passif et la nécessité d'inclure des clauses de protection dans le contrat d'acquisition.

On s'assure donc que tous les éléments du passif fassent l'objet d'un enregistrement, car celui-ci intervient dans la détermination de la valeur de l'entreprise et du prix d'acquisition. On procède ensuite à une évaluation réaliste de tous les engagements à court terme de même qu'à une étude détaillée des engagements à long terme car ces engagements vont nécessiter des fonds et affecter la vie financière future de l'entreprise vendeuse.

Complétons ce point à l'aide des illustrations suivantes.

- Dans les dossiers d'acquisition que nous avons examinés, nous avons été à même de constater que l'entreprise acheteuse procédait systématiquement à une évaluation du passif. Le montant ainsi établi faisait, par la suite, l'objet de négociations avec l'entreprise vendeuse.

- Mentionnons, à titre indicatif, l'entente de principe conclue entre Mémotec Data et Concord Data Systems (spécialisée dans les modems téléphoniques) en vue de l'acquisition de celle-ci, entente qui ne prévoyait la prise en charge que de certaines dettes par Mémotec Data.

Les obligations légales et leurs conséquences éventuelles doivent également retenir l'attention, au moment de l'évaluation de l'entreprise. Par conséquent, on passe habituellement au crible les obligations envers le personnel et les gestionnaires qui quittent (ou peuvent quitter) l'entreprise (démission, congédiement, cessation d'emploi, retraite...) car les frais additionnels pourraient se révéler considérables, le cas échéant.

- Par exemple, en vertu d'un jugement de la Cour d'appel du Québec dans la cause Produits Pétro-Canada contre Moalli (en 1987), il ressort qu'un employé peut faire valoir ses années de service chez son ancien employeur (l'entreprise vendeuse) dans le calcul des cinq années de service continu nécessaires pour se prévaloir de la protection accordée par l'article 124 de la *Loi sur les normes du travail*, en cas de congédiement (droit à l'arbitrage).

- Rappelons que l'article 96 de la *Loi sur les normes du travail* proclame la responsabilité conjointe et solidaire de l'ancien employeur (l'entreprise vendeuse) et du nouveau (l'entreprise acheteuse) dans toute réclamation civile d'un employé non réglée au moment de la transaction. Ainsi, l'entreprise acheteuse peut-elle être tenue partiellement responsable des sommes dues. Cependant, du fait de jugements contradictoires, la situation n'est pas claire lorsqu'il s'agit d'un employé ayant quitté l'entreprise vendeuse avant l'acquisition.

Quant à la prévision du passif éventuel, elle ne constitue pas un problème dans la majorité des cas. Une telle prévision est présentée au bilan ou dans les notes afférentes. Toutefois, l'entreprise acheteuse doit demeurer vigilante par rapport aux litiges. Elle analysera donc les litiges en instance, de même que leur historique, car l'appréciation des dettes éventuelles est critique dans l'évaluation d'entreprises. Cependant, des clauses inscrites dans le contrat d'acquisition ainsi que la responsabilité professionnelle peuvent accorder à l'entreprise acheteuse la protection nécessaire (Campbell, 1975, 1984 ; Morin et

Chippindale, 1970). Par exemple, des litiges éventuels concernant le produit peuvent être couverts par des garanties légales ou des retenues de garanties. Cela dit, soulignons que plutôt que d'affecter la valeur de l'entreprise et son prix, les litiges en instance peuvent entraîner la rupture de la négociation avec l'entreprise vendeuse et empêcher la conclusion de l'entente, selon leur importance et leur dénouement probable.

Une acquisition aux États-Unis, par exemple, ne devrait pas se faire sans que l'entreprise acheteuse n'ait examiné (ou fait examiner) les incidences possibles des lois américaines sur les responsabilités civiles et sur les interprétations des tribunaux en cette matière. Les frais occasionnés par la législation et les poursuites éventuelles doivent être pris en considération au moment de l'évaluation de l'entreprise vendeuse. Les mêmes précautions s'appliquent pour toute transaction internationale. Mentionnons qu'aux États-Unis, les poursuites judiciaires intentées contre les entreprises, les règlements hors-cour ou encore, les primes d'assurances peuvent impliquer des montants élevés, si ce n'est astronomiques.

L'achalandage est un élément qui intervient couramment dans la négociation du prix et dans la détermination de la valeur de l'entreprise vendeuse. La « survaleur » accordée à l'entreprise vendeuse (ou, en d'autres termes, l'achalandage « créé ») peut être basée sur une diversité de motifs, entre autres sa clientèle, un emplacement favorable, sa réputation (ou son image publique), la qualité de ses dirigeants, et la liste pourrait s'allonger (Skinner, 1973). Soulignons qu'en pratique, on arrive difficilement à identifier et à évaluer ces éléments de l'actif intangible (Campbell et Taylor, 1972 ; Tearney, 1973). En somme, l'achalandage représente l'écart entre la valeur intrinsèque nette et le prix d'acquisition ; il peut faire varier le prix à la hausse compte tenu des bénéfices futurs, bénéfices que l'on prévoit supérieurs à la normale.

À cet égard, l'entreprise acheteuse fixe un prix limite et elle établit un parallèle entre ce qu'elle veut payer et ce qu'elle veut obtenir. Par exemple, si le prix consenti par l'entreprise acheteuse comprend un montant significatif d'achalandage, les résultats financiers de l'entreprise vendeuse, une fois acquise, devront correspondre aux attentes ; sinon l'entreprise acheteuse pourra éprouver des difficultés financières ou décider de désinvestir, par exemple.

- Ainsi, Informatrix 2000, spécialisée dans le traitement informatisé de données fiscales, aurait acquis Tax-Prep Information Systems pour un montant relativement élevé, soit 5 millions de dollars, le chiffre d'affaires prévu étant de 3 millions environ (en 1988). L'explication en serait qu'Informatrix 2000 acquérait ainsi un important concurrent ayant une longue expérience et occupant une part intéressante du marché de cabinets d'experts-comptables (de l'ordre de 20 %).

• La Laurentienne Générale, pour sa part, aurait trouvé son profit en vendant sa participation dans La Personnelle (compagnie d'assurances) à La Capitale, une filiale de la Mutuelle des fonctionnaires. La Laurentienne Générale détenait 63 % du capital-actions et Great West, 27 %. L'achalandage aurait été un élément avantageux dans cette transaction.

10.1.3. *Le pronostic de rentabilité*

Dans le contexte de l'acquisition, on doit se prononcer sur la rentabilité de l'entreprise vendeuse et en établir le pronostic. Entre autres éléments, l'historique des bénéfices, les tendances, les prévisions, ainsi que le potentiel de bénéfices supérieurs au rendement normal sont considérés à cette fin.

À partir de l'historique des bénéfices et d'autres données pertinentes, on dégage des tendances par rapport à l'entreprise vendeuse et par rapport à l'industrie. Plus précisément, l'historique des bénéfices représentatifs constitue une meilleure base pour les prévisions que l'ensemble des bénéfices. Dans tous les cas, on examine les raisons de la rentabilité (ou de la non-rentabilité) passée.

• Par exemple, Locam, spécialisée dans la location de camions, appartenait à Crédit industriel Desjardins. Largement déficitaire, elle a été cédée à perte à un entrepreneur (en 1988). Compte tenu des principales raisons de cette absence de rentabilité que nous avons déjà évoquées, l'acquéreur pouvait malgré tout se permettre de poser un pronostic positif de rentabilité. En moins d'un an, en effet, Locam a réussi à redresser la situation et à montrer une situation financière profitable.

Le fait d'envisager la possibilité de réaliser des bénéfices supérieurs au rendement normal peut conduire l'entreprise acheteuse à une majoration du prix d'acquisition. On calcule donc le rendement sur investissement espéré et l'on juge si l'obtention de bénéfices supérieurs est possible advenant, par exemple, la concrétisation d'événements prévus tels que l'augmentation des commandes en attente, la signature de contrats, etc. Toute entreprise acheteuse avisée procède à une telle démarche sous l'enseigne du réalisme et d'une «juste espérance».

D'autres facteurs peuvent être considérés dans le pronostic de rentabilité, selon les circonstances. Ainsi, la comparaison d'un titre d'un concurrent inscrit à la bourse (multiple de bénéfices) peut être utile comme point de référence ; le potentiel de gains en capital peut être important pour l'entreprise acheteuse dans certains cas. Le contrôle des frais discrétionnaires peut servir de soupape si les prévisions ne se réalisent pas ; l'examen de ces frais peut également être utile pour prédire le maintien de la part du marché. Bien que la situation des commandes en attente n'intervienne qu'indirectement dans la détermination du prix d'acquisition, elle peut servir à établir l'activité actuelle et à confirmer les prévisions des ventes futures.

10.1.4. *L'évaluation financière*

Enfin, l'analyse des aspects financiers ne saurait être complète sans l'établissement du prix plafond (prix maximal d'acquisition) au moyen de l'évaluation financière (Campbell, 1975, 1984). Parmi les techniques et méthodes utilisées, on retrouve couramment :

- le flux monétaire actualisé (DCF : *discounted cash flow*). Il s'agit de l'actualisation des rentrées et sorties de fonds afférents à un investissement ;
- le ratio cours bénéfice (PER : *price earning ratio*). Il s'agit du rapport entre le cours d'une action et le bénéfice net par action (d'un exercice financier donné) ;
- le rendement de l'investissement (ROI : *return on investment*). Ce ratio est égal au quotient du bénéfice net sur le capital investi ;
- la capitalisation des bénéfices caractéristiques. Il s'agit de la détermination de la valeur économique d'une entreprise au moyen d'un multiple de ses bénéfices, et plus précisément, de ses bénéfices significatifs ;
- le rapport entre le prix demandé (ou offert) et la valeur comptable.

• Par exemple, IPL Products Ltd, fabricant de produits de plastique, estimait que le prix demandé par une entreprise cible (non identifiée), soit cinq fois sa valeur comptable, était trop élevé par rapport à sa valeur. Considérant le fait que cette dernière ne réalisait pas de bénéfices, IPL aurait accepté de lui verser un prix égal à deux fois sa valeur comptable.

Quelle que soit la méthode retenue, l'évaluation financière est reconnue comme un facteur financier de première importance dans la détermination du prix d'acquisition. Il arrive que l'entreprise acheteuse offre (ou accepte) de payer une prime additionnelle; cependant, on estime qu'il est généralement risqué, voire « dangereux », de dépasser le prix plafond. En pareil cas, l'entreprise acheteuse devrait s'assurer qu'elle le fait « vraiment » pour une « bonne raison » à la loupe tous les éléments pertinents.

Notons que, dans la pratique courante, l'évaluation financière vient souvent appuyer le jugement de l'entreprise acheteuse sur la valeur de l'entreprise vendeuse. À cet égard, elle fournit des balises, elle sert d'encadrement dans la détermination du prix. Certains auteurs (dont Buckley, 1979) dénoncent cette façon de procéder et s'insurgent contre « les qualitatifs » [2] et leur rôle dans l'évaluation d'entreprises.

Viser l'atteinte d'un équilibre entre la prise en compte des aspects financiers et des aspects non financiers : voilà plutôt l'objectif vers lequel on doit tendre. Il ne nous paraît pas souhaitable, ni réaliste, de verser d'un côté ou de l'autre autre.

10.2. L'examen de la situation future de l'entreprise vendeuse

Dans la perspective de la situation future de l'entreprise vendeuse, l'entreprise acheteuse doit considérer les répercussions de ses décisions financières sur la rentabilité future de l'entreprise, éventuellement acquise.

10.2.1. *Les répercussions des décisions financières sur la rentabilité future*

Dans l'examen de la situation future de l'entreprise vendeuse, on se demande quels seront les effets prévisibles sur cette entreprise, des gestes que l'on prévoit poser à la suite de l'acquisition.

---

2. Pour utiliser ici une expression lapidaire couramment utilisée et, implicitement ou explicitement, opposée à l'expression « les quantitatifs ».

Ainsi, certaines décisions qui peuvent être favorables à court terme pourraient se révéler moins heureuses à plus long terme. Par exemple, si l'entreprise acheteuse pense utiliser pour ses propres besoins une grande partie des fonds de l'entreprise vendeuse, une fois acquise, le développement de celle-ci pourrait s'en trouver compromis ou retardé, du moins en partie. La poursuite d'une telle politique pourrait bien finir par entraîner un désinvestissement, à moins qu'on prévoie procéder à une injection de capitaux au moment propice. À l'opposé, l'accès à des matières premières (ou à des ressources) à meilleur compte pourrait contribuer à augmenter la rentabilité de l'entreprise vendeuse, après l'acquisition.

L'entreprise acheteuse se préoccupe donc des répercussions éventuelles de ses décisions financières. Dans cette optique, elle peut se tracer un plan d'actions et déterminer les modalités de ses interventions, du moins dans les grandes lignes.

Mentionnons quelques exemples.

- À la suite de la prise de contrôle de Canstar, un fabricant de patins et d'équipements de protection (en 1989), par des investisseurs privés et DCC Equities, banque d'affaires filiale de Dynamic Capital Corporation, Canstar semblait en voie de redressement financier. Les décisions prises ont notamment conduit à un accroissement de son capital-actions, à une diminution de sa dette et à une amélioration de son fonds de roulement. L'orientation vers de nouveaux produits et de nouveaux marchés pourrait donner une nouvelle impulsion à l'entreprise.

- L'acquisition d'une participation de 30% par le Fonds de solidarité des travailleurs-FTQ aurait eu des effets avantageux pour Panneaux de bois Kennebec, fabricant de pièces de bois destinées à l'industrie du meuble. Cet apport de capitaux ainsi que d'autres sources de fonds auraient permis à l'entreprise d'augmenter le nombre d'employés et d'améliorer ses installations, entre autres choses.

- Il semble que l'acquisition de magasins Castor Bricoleur par Val Royal lui ait été profitable, s'étant traduite par une augmentation appréciable des ventes et une amélioration du rendement.

10.3. L'examen des liens à établir entre les deux entreprises, acheteuse et vendeuse

Dans l'examen des liens à établir entre les deux entreprises, acheteuse et vendeuse, nous examinerons un seul facteur financier, soit l'intégration spécifique.

10.3.1. *L'intégration spécifique*

Au moment de l'évaluation de l'entreprise vendeuse, l'intégration de certains éléments particuliers ou de certaines activités est habituellement prise en considération (compte tenu du degré de contrôle de l'entreprise acheteuse).

L'examen de l'intégration spécifique peut permettre à l'entreprise acheteuse d'envisager une diminution de coûts ou des avantages économiques et financiers additionnels. Entendons-nous bien, il s'agit d'une intégration spécifique, c'est-à-dire portant sur des points précis susceptibles de faire l'objet d'une évaluation financière et non pas d'une intégration globale ou imprécise.

En somme, au moment de l'évaluation, on identifie et examine des possibilités et l'on élabore des plans préliminaires d'intégration basés sur des évaluations financières (et administratives). Les avantages ainsi anticipés (économies d'échelle, rationalisation des activités, etc.) peuvent influer sur la valeur (le prix) de l'entreprise vendeuse. Ils font généralement partie des arguments invoqués par l'une ou l'autre des parties intervenantes lors de la négociation du prix d'acquisition.

De plus, une fois l'entreprise acquise, les décisions appropriées seront prises en toute connaissance de cause, car ce «deuxième regard» indiquera l'opportunité de donner suite ou non aux actions prévues; et quel que soit le choix arrêté, l'entreprise acheteuse ne sera pas prise au dépourvu, le moment venu d'agir (Baumer et Northart, 1971).

Voyons maintenant quelques exemples d'intégration spécifique.

- L'acquisition de Pièces Réusinées B.C., spécialisée dans le réusinage de démarreurs électriques, d'alternateurs et de pompes à eau, par Asbesco (autrefois Asbestonos), entreprise de réusinage de pièces automobiles (en 1987), aurait créé une situation propice à l'obtention d'une synergie au sein des activités d'exploitation, ainsi qu'à la consolidation des ressources administratives des deux entreprises.

- L'acquisition d'All-Tech, fabricant de rails et d'accessoires de stores verticaux, par Plastibec, fabricant de composantes de stores verticaux (en 1988), a créé, de fait, un réseau d'activités complémentaires. De plus les activités d'All-Tech aux États-Unis on facilité l'accès de Plastibec à ce marché.

- De même, l'acquisition de Swecan International, fabricant d'équipements pour scieries, par Équipements Denis, fabricant d'équipements d'exploitation forestière (en 1987) a entraîné une situation propice à une intégration spécifique portant notamment sur les produits, l'expertise technique ainsi que sur les marchés d'exportation.

- L'entreprise Asbesco, considérant avoir des points communs avec Canam Manac et Corporation Provost, du fait que la Société d'investissement Desjardins (SID), qui détenait une participation de 20% dans Asbesco, possédait aussi des intérêts dans ces deux autres entreprises, Asbesco donc souhaitait développer des liens d'affaires avec celles-ci. Ce point de vue illustre le fait que l'acquisition peut être une occasion de créer ou d'agrandir un réseau de relations dans le monde des affaires, de susciter des alliances économiques.

Nous ne saurions aborder l'examen des liens à établir entre les deux entreprises sans discuter de la question de la synergie, qui peut se définir par la célèbre formule « 2 + 2 = 5 » (Ansoff, 1965 ; Rumelt, 1974 ; Yip, 1982). Cependant, le risque majeur réside en ce que des acquisitions d'entreprises additionnent des faiblesses sans, pour autant, multiplier les forces (Taboulet, 1967, dans Le Goc, 1976). On risque alors de se trouver dans la situation où « 2 + 2 = 3 ». Parfois, aussi, on peut constater, du moins à la longue, que « 2 + 2 = 4 », tout simplement.

Qu'en est-il de la synergie, dans un contexte d'acquisition ? À ce propos, deux opinions opposées circulent. Pour certains, la synergie n'existe pas, ou elle est peu accessible (Ansoff *et al.*, 1971 ; Buckley, 1979a ; Heller, 1972). Pour d'autres, elle existe et elle est réalisable (Silbert, 1969 ; Terry, 1980 ; Wheele, 1981). Mais il arrive que la synergie soit davantage de l'ordre d'un souhait que d'une réalisation effective. Dans l'évaluation d'une entreprise, c'est plutôt l'intégration spécifique, concrète, qui est prise en considération, et c'est là une approche empreinte de réalisme.

En général, dans quels domaines de gestion peut-on vraisemblablement espérer obtenir un effet synergique? Le tableau XVII et les commentaires suivants visent justement à répondre à une telle interrogation.

TABLEAU XVII

Réalisation et rentabilité de la synergie

Domaines de gestion	Facilité de réaliser la synergie (en %)	Rentabilité de la synergie (en %)
Finances	100	100
Marketing	59	74
Production	34	36
Technologie et R & D	33	33

Source: KITCHING, 1973. Traduction et adaptation du tableau intitulé: *Can Your Really Expect Synergy from Acquisition?* (ROUSSEAU, 1987).

La réalisation de la synergie financière compte toutes les chances de succès et de rentabilité. Cette synergie peut couvrir tous les éléments comptables et financiers, sans exception. Signalons, à nouveau, qu'on devrait accorder une attention particulière au contrôle interne. En matière d'intégration des éléments financiers, s'il survient une mésentente entre l'entreprise acheteuse et l'entreprise acquise, il leur est conseillé de s'en remettre à des experts-comptables indépendants. Selon différents témoignages, cet appel à des « arbitres » semble donner de bons résultats.

En marketing, bien que la réalisation de la synergie puisse présenter des difficultés, ses chances de réussir semblent meilleures et sa rentabilité est plus élevée qu'en production et en technologie, recherche et développement. Il peut être bénéfique pour l'entreprise acheteuse d'intégrer notamment la force de ventes, les efforts de publicité et de promotion, les canaux de distribution, le personnel de marketing. Elle devrait, par contre, éviter le dédoublement de territoires, le chevauchement de produits. En cette matière, il semble que les échecs soient principalement dus aux omissions, c'est-à-dire à l'absence de décisions et au manque de stratégies. En somme, une entreprise acheteuse qui établit une stratégie précise et prend des décisions appropriées pourrait réussir la synergie du marketing, du moins d'une façon suffisante.

Dans le domaine de la production, la synergie présente à peu près les mêmes caractéristiques que dans le domaine formé par la technologie, la recherche et le développement : elle est généralement difficile à réaliser et peu profitable. Néanmoins, certaines stratégies semblent plus avantageuses que d'autres, entre autres, le regroupement de produits similaires dans une même unité de production et la fermeture des plus petites unités de production au profit d'entités plus larges et plus efficaces. Ces actions peuvent toutefois être accompagnées d'exigences, telles la coopération du syndicat ou du gouvernement et les indemnités au personnel. Même si l'on prend une foule de précautions, la rationalisation des activités de production ne se fait pas aisément, en règle générale, et les effets escomptés peuvent se faire attendre, ou même ne jamais se concrétiser. Par contre, on réalisera fort probablement des économies si l'on révise les sources d'approvisionnement (Kitching, 1973).

Enfin, dans le domaine de la technologie (incluant la recherche et le développement, « R & D »), la synergie est là encore difficile à atteindre. L'une des barrières au transfert de la technologie semble le « NIH » (« *Not invented here* »), comme il a été mentionné plus haut. Cependant, l'entreprise acheteuse qui y met le temps et le doigté peut espérer y arriver. Il semble, en effet, que le succès puisse s'obtenir plus facilement si une collaboration technique et des ententes existent avant l'acquisition. Le transfert de personnel peut également s'avérer un moyen efficace pour créer une collaboration entre les techniciens et les chercheurs de chacune des deux entreprises, acheteuse et vendeuse. De plus, l'instauration d'une structure organisationnelle souple et appropriée, de même que des relations empreintes de confiance mutuelle facilitent le transfert de la technologie (Gélinier, 1981-1982).

Soulignons, pour terminer, que l'accroissement de la dimension de l'entreprise acheteuse peut entraîner des coûts de gestion. Afin de contrer cet effet, les économies d'échelle devront être assez fortes pour laisser un excédent, après l'absorption des coûts additionnels provenant d'une structure administrative plus grande (Dean et Smith, 1978).

Somme toute, dans la détermination du prix d'acquisition, l'entreprise acheteuse peut prendre en compte, si elle le juge à propos, les coûts et les avantages économiques et financiers reliés à l'intégration spécifique. L'examen de la synergie s'inscrit dans cette perspective (Notons que les aspects administratifs que recouvre celle-ci sont présentés à la section 9.3.2.).

CHAPITRE 11

LES FACTEURS
AUTRES QUE FINANCIERS

L'importance, si grande soit-elle, des facteurs financiers ne devrait d'aucune façon occulter la nécessité de considérer des facteurs d'autres ordres, soit les facteurs stratégiques, les facteurs reliés aux ressources humaines (gestionnaires, relations de travail, personnel), ainsi que les facteurs administratifs.

Il est à souligner que le fait de mettre trop exclusivement l'accent sur les aspects financiers et de négliger les autres aspects est reconnu comme l'une des causes de l'insuccès de l'acquisition. Des recherches « sur le terrain » mettent en évidence la nécessité de considérer l'élément humain et d'autres éléments non financiers (Ansoff et Branderburg, 1971 ; Kitching, 1967 ; Newbould, 1970).

Rappelons ici que les exemples apportés dans ce chapitre sont uniquement destinés à illustrer nos propos. Il n'y est pas présumé que l'entreprise acheteuse ait réellement fait intervenir un quelconque facteur dans la détermination et la négociation du prix.

11.1. L'examen de la situation présente de l'entreprise vendeuse

Dans le cadre de l'examen de la situation présente de l'entreprise vendeuse, nous examinons un aspect stratégique, soit la capacité de croissance ; des aspects reliés aux ressources humaines, soit la compétence des gestionnaires, le niveau comparatif de la rémunération, l'apport des ressources humaines ; et un aspect administratif, soit l'indépendance économique.

11.1.1. *Les facteurs stratégiques*

Voyons ce qu'il en est de la capacité de croissance dans le contexte de l'acquisition.

A. — *La capacité de croissance*

Pour connaître la capacité de croissance de l'entreprise vendeuse, on inclut dans l'examen de cette entreprise l'état du marché actuel et les prévisions du marché futur. On analyse aussi son potentiel de développement et l'on prévoit, dès ce moment-là, des moyens pour en assurer l'actualisation.

Rappelons que l'acquisition devrait permettre à l'entreprise acheteuse d'obtenir une part du marché suffisante pour assurer le succès de la transaction. Il semble qu'il y ait une « masse critique » à atteindre et que celle-ci soit établie en fonction de l'industrie (Kitching, 1973). À cet égard, viser la domination d'un marché régional peut s'avérer une stratégie efficace. Pour bien situer la place de l'entreprise vendeuse dans son marché, l'entreprise acheteuse identifie généralement les dispositions concrètes qu'elle compte prendre pour augmenter cette part du marché.

L'entreprise vendeuse ayant un bon potentiel d'acquisition serait celle qui peut engendrer une nouvelle valeur économique grâce à des fonds consolidés plus élevés ou moins risqués que ceux d'un portefeuille d'investissement comparable. Les entreprises susceptibles de fournir la plus grande création de valeur sont celles qui apportent le meilleur complément possible aux capacités propres de l'entreprise acheteuse (Salter et Weinhold, 1981).

Bien que les attentes des entreprises acheteuses puissent varier, il semble que les « entreprises à succès » atteignent, du moins en partie, les taux de croissance espérés (ce que Kitching (1973) appelle le *honeymoon of buyers*) que ce soit en matière d'actifs, de ventes, de bénéfices nets ou de bénéfice par action.

Il est intéressant de noter que les prévisions de croissance peuvent varier selon la « nationalité » de l'entreprise acheteuse. Ainsi, par rapport à la croissance des bénéfices, le classement est le suivant : les entreprises américaines (20 %) prennent la première place, suivies par les entreprises françaises et britanniques (12 %), et par les entreprises allemandes (9 %) (Kitching, 1973).

Toutes choses égales d'ailleurs, une entreprise qui présente une « bonne » capacité de croissance détient un argument favorable pour se voir offrir (ou accorder) un prix plus élevé qu'une autre entreprise.

Les cas suivants compléteront la présentation de ce facteur d'acquisition qu'est la capacité de croissance.

- Le Groupe Robert, entreprise de transport routier, aurait choisi de maintenir et de développer le marché régional desservi par ses filiales et ses centres régionaux de distribution. Compte tenu de la déréglementation du transport routier et du protectionnisme américain, la régionalisation pourrait se révéler une stratégie de croissance efficace.

- Lors de l'acquisition de Industries Unik en 1988, le Groupe Bocenor, fabricant de fenêtres et de portes en bois et en aluminium, prévoyait que cette transaction doublerait presque ses ventes et que le bénéfice par action augmenterait de façon appréciable.

- Acquise de Générale Électrique par des cadres (rachat adossé : *management buyout*), FRE Composites, concepteur et fabricant de produits industriels et de pièces en matériaux composites (tubes pour lance-roquettes, pièces de missiles, etc.), aurait dépassé l'augmentation du chiffre d'affaires prévu pour l'année en cours (1989).

11.1.2. *Les facteurs reliés aux ressources humaines*

Dans l'évaluation des facteurs reliés aux ressources humaines, nous examinerons trois aspects : la compétence des gestionnaires, le niveau comparatif de la rémunération et l'apport des ressources humaines.

A. — *La compétence des gestionnaires*

La compétence des gestionnaires, notamment ceux qui détiennent des postes stratégiques, exerce une influence sur la détermination du prix de l'entreprise vendeuse, d'une façon ou d'une autre. D'une part, une entreprise bien gérée obtient généralement de «bons» résultats financiers (eu égard à son étape de développement) et présente un «bon» potentiel de développement. De ce fait, le prix d'acquisition s'en trouve généralement plus élevé, et inversement. D'autre part, dans la négociation du prix, la compétence des gestionnaires représente un argument favorable à l'obtention d'un «bon prix» pour l'entreprise vendeuse. Si, au contraire, l'entreprise vendeuse présente une carence en gestion, si elle a besoin d'être «retapée», l'entreprise acheteuse prendra en compte les frais de restauration. Les difficultés de l'entreprise vendeuse sont autant d'arguments qui plaident en faveur d'un prix moins élevé, et inversement.

Occasionnellement, la rotation des gestionnaires de même que la cohésion au sein de l'équipe de direction font l'objet de l'attention de l'acquéreur potentiel ; mais il s'agit, en fait, d'éléments secondaires. Si une rotation excessive existait, elle se traduirait, fort probablement, par de mauvais résultats financiers. Quant à la présence de dissensions, elle exerce plus d'impact sur la décision d'acquisition que sur la détermination du prix, car les dissensions contribuent surtout à éliminer certaines entreprises cibles ou à empêcher la conclusion de l'entente. Toutefois, si l'entente survient, les dimensions peuvent devenir un facteur considéré dans la décision portant sur le maintien ou le remplacement de certains gestionnaires.

C'est ainsi que, dans l'examen de l'entreprise vendeuse, la compétence des gestionnaires intervient en tant que facteur spécifique d'acquisition ; un facteur qu'il importe de considérer et de «négocier», dirions-nous. Par ailleurs, le paiement de primes «à la gestion» (ou autres primes) ne saurait être considéré indépendamment de l'industrie.

- Par exemple, selon un représentant de l'Association canadienne du camionnage, il serait risqué de payer des primes dans cette industrie car les marges bénéficiaires sont trop faibles pour en assurer le recouvrement. Il pourrait en être ainsi dans d'autres industries.

B. — *Le niveau comparatif de la rémunération*

On sait que les frais de personnel (salaires et charges sociales ou rémunération) — comme les autres frais d'ailleurs — se répercutent sur le prix des produits, biens ou services, et affectent la position stratégique d'une entreprise. Par conséquent, un niveau trop élevé de rémunération entraîne une hausse de ces frais et peut avoir des effets négatifs sur les résultats de l'entreprise vendeuse, à court et à long terme, et ce, particulièrement si la rémunération représente une proportion élevée de l'ensemble des frais (Sage, 1979).

Aussi compare-t-on le niveau de la rémunération dans l'entreprise vendeuse à celui de l'industrie ou de la concurrence plus immédiate. Plus largement, on s'interroge sur le niveau de la rémunération du personnel en regard de ses qualifications et de la disponibilité de la main-d'œuvre sur le marché du travail. On peut par la suite envisager différentes solutions afin de rétablir l'équilibre, dans un sens ou dans l'autre. Étant donné que la rémunération se répercute sur les résultats financiers, elle exerce une influence sur la détermination du prix, et ce, plus ou moins directement ou fortement selon les circonstances.

- Par exemple, dans un des dossiers d'acquisition que nous avons examinés, le niveau des salaires de spécialistes de l'entreprise vendeuse a été relevé de 15 % après l'acquisition. Cette hausse avait pour but de rendre ces salaires comparables à ceux du marché de l'emploi et de freiner, de ce fait, « l'exode » de spécialistes vers des entreprises concurrentes, une fois qu'ils avaient pris une certaine expérience. Un tel exemple illustre bien le fait que, occasionnellement du moins, l'ajustement des salaires (ou de la rémunération) au niveau du marché peut se traduire par une hausse plutôt que par une baisse.

C. — *L'apport des ressources humaines*

Dans leurs interventions auprès de leurs ressources humaines, les entreprises performantes perçoivent et traitent « [...] le facteur humain comme une opportunité et une ressource à développer » (Gélinier, 1984, p. 299). Nombre d'auteurs actuels partagent cette idée (Archier et Serieyx, 1984 ; Bennis et Nanus, 1985 ; Giroire, 1985 ; Peters et Waterman, 1983). Ces entreprises s'appliquent à pratiquer une gestion stratégique des ressources humaines (Gitzendanner *et al.*, 1983).

L'entreprise acheteuse aurait avantage à profiter de la période d'intégration pour instaurer une telle gestion dans l'entreprise acquise. De cette façon, elle pourrait y exercer un leadership « mobilisateur » et donner une impulsion positive à la période d'intégration, laquelle ne présente pas seulement des difficultés ou des aspects négatifs, mais peut également constituer un terrain propice au changement[1].

Au cours de l'évaluation, l'entreprise acheteuse avisée se soucie donc des ressources humaines ou, en d'autres termes, du «capital humain» de l'entreprise sous examen (Becker, 1962, 1964 ; Flamholtz et Lacey, 1981 ; Kiker, 1966 ; Simon et Tézenas du Montcel, 1978). Aussi porte-t-elle attention à l'état de «l'organisation humaine» (Cabrera, 1982) et considère-t-elle l'apport des ressources humaines aux activités de l'entreprise (Rousseau, 1987). Par exemple, elle établit un inventaire des ressources humaines (composition du personnel, qualifications, rendement, potentiel, etc.) et prépare la phase d'intégration.

Plus largement, on reconnaît que la conduite des affaires, qui est une «question d'argent», est aussi «œuvre d'individus»; elle ne peut se faire sans l'apport de ceux-ci aux activités de l'entreprise. En somme, «l'aspect social et l'aspect économique de la vie de l'entreprise sont inséparables» (Noly, 1969, p. 13).

Citons des exemples qui portent justement sur le sujet dont nous venons de discuter.

- À la suite de plusieurs acquisitions — dont celles de Nadeau et Nadeau, Mobilier H.P.L., Scanway, Produits forestiers André Poulin, Design 3000, Les Créations mobilières Chanderic —, Shermag, spécialisée dans la fabrication de meubles, aurait procédé à une importante restructuration administrative (en 1988). Elle se serait orientée vers la formation de centres de responsabilités faisant appel à l'autonomie et à l'intrapreneuriat des cadres, ainsi qu'à la motivation et au talent du personnel.

- De plus, mentionnons l'existence d'un type particulier d'investisseurs, les «investisseurs sociaux», qui prennent systématiquement en compte le comportement social de l'entreprise vendeuse, en plus des aspects financiers de la transaction. Originaire des États-Unis (vers 1940), cette tendance se retrouve notamment dans une coopérative de crédit, la Vancouver City Savings Credit Union et, dans une certaine mesure, au Fonds de solidarité des travailleurs du Québec-FTQ.

---

1. Selon l'approche de Lewin (1947) mise au point par Dalton (1970), cette période pourrait être assimilée à la phase de changement (*moving*) au cours de laquelle les individus deviennent réceptifs aux changements.

Cela dit, notons que les transactions d'acquisitions (ou de fusions) ne constituent pas toujours une issue heureuse pour le personnel, car des pertes d'emplois (mises à pied, congédiements, etc.) peuvent s'ensuivre (Bélanger *et al.*, 1989). Quelles qu'en soient les raisons, une telle situation demeure en soi déplorable et peut conduire à un gaspillage du « capital humain » (Becker, 1962, 1964 ; *Business Week*, 1988 ; Flamholtz et Lacey, 1981 ; Kiker, 1966 ; Simon et Tézenas du Montcel, 1978).

11.1.3. *Les facteurs administratifs*

Du point de vue administratif, la préoccupation de l'entreprise acheteuse porte principalement sur l'indépendance économique.

A. — *L'indépendance économique*

On examine les relations de l'entreprise vendeuse avec divers intervenants, tels que les clients, les fournisseurs, les gouvernements et organismes gouvernementaux, afin de cerner son degré d'indépendance (ou de dépendance) économique.

La dépendance est perçue comme une limite ou une entrave, car elle peut rendre l'entreprise vulnérable et ; l'indépendance, au contraire, est estimée souhaitable et même essentielle. Certaines situations, telle la dépendance vis-à-vis des contrats de vente ou d'approvisionnement, font d'ailleurs l'objet d'une divulgation aux états financiers. Dans le contexte de l'acquisition, l'entreprise acheteuse traite cette question avec vigilance car, dans certains cas, le maintien de permis et de contrats peut être vital pour la poursuite des activités de l'entreprise.

Par ailleurs, les garanties de produits revêtent généralement peu d'importance, car des provisions peuvent être inscrites aux livres ou peuvent demeurer à la charge de l'entreprise vendeuse. De même, à moins que les transactions entre apparentés ne traduisent une dépendance économique, ces transactions peuvent ne revêtir que peu d'importance.

L'acquisition d'une entreprise en situation de dépendance rend la transaction plus risquée ; aussi prend-on ce risque en considération dans la négociation. Si la transaction est conclue malgré ce « handicap », on ajustera le prix d'acquisition en conséquence, à la baisse. Il peut même arriver que l'on estime « plus sage » de ne pas conclure la transaction. Dans le cas contraire, on retiendra comme objectif prioritaire de sortir l'entreprise de sa situation de dépendance et l'on envisagera toutes les mesures nécessaires pour y arriver, et ce, *avant* l'acquisition. C'est dans cette perspective que l'on examinera les relations de l'entreprise vendeuse avec divers intervenants socio-économiques tels que les clients, les fournisseurs, les gouvernements et organismes gouvernementaux, paragouvernementaux et autres (Campbell, 1984 ; Morin et Chippindale, 1970).

Voici des exemples pour illustrer nos propos.

- Un arrêt de travail chez un important client ou fournisseur peut affecter sensiblement les résultats d'une entreprise. Ainsi, Harricana Métal, dont l'un de ses clients, fabricant américain d'équipement forestier, comptait pour 25 % de ses revenus (en 1987), s'est ressentie de la grève qui a duré plus de huit mois chez ce client. Heureusement, les relations professionnelles semblent s'être rétablies après le conflit de travail.

- Après l'acquisition de la cimentière Miron par la multinationale Ciments Français, par l'entremise de sa filiale canadienne Lake Ontario Cement (en 1989), on a annoncé que Miron chercherait à réduire sa dépendance envers ses sources étrangères d'approvisionnement en matière première.

- ABA Industries desservait à parts à peu près égales trois gros clients : Générale Électrique (GE), Pratt & Whitney (P & W) et la Défense américaine. Bien que dans l'industrie de l'aéronautique, une telle situation de dépendance ne soit pas rare, Héroux aurait examiné attentivement cet aspect, au moment d'acquérir l'entreprise (en 1989). Héroux aurait même obtenu l'assurance qu'ABA Industries demeurerait parmi les fournisseurs de GE et de P & W qui ont, toutes deux, manifesté le désir de mettre en œuvre un plan de réduction du nombre de leurs fournisseurs.

11.2. L'examen de la situation future de l'entreprise vendeuse

Le maintien des gestionnaires, les problèmes prévisibles de relations de travail, les modifications au régime de retraite : tels sont les facteurs reliés aux ressources humaines qui interviennent dans

l'examen de la situation future de l'entreprise vendeuse. La considération de la poursuite des activités d'exploitation, un facteur administratif, complétera cet examen.

11.2.1. *Les facteurs stratégiques*

Notons, au passage, qu'aucun facteur stratégique particulier n'est
pris en compte lors de l'examen de la situation future de l'entreprise
vendeuse.

11.2.2. *Les facteurs reliés aux ressources humaines*

Examinons, à présent, la façon dont l'entreprise acheteuse aborde
les aspects relatifs aux gestionnaires, aux relations de travail et à la
rémunération.

A. — *Le maintien (ou non) des gestionnaires*

Le maintien des gestionnaires, ou plus précisément de certains
gestionnaires, peut avoir une incidence sur la détermination du prix
de l'entreprise vendeuse, en raison des primes (de maintien ou de
départ) ou de contrats d'emploi qui pourraient en résulter. Par
exemple, le gestionnaire-propriétaire peut se voir accorder un prix
plus élevé pour son entreprise s'il s'engage à y demeurer après
l'acquisition, du moins pour un certain temps. Une telle entente
comporte des avantages, mais aussi un certain risque. En effet, il
n'est pas impossible que l'entreprise acheteuse ait éventuellement à
verser au gestionnaire, en plus, une prime de départ, si la situation
l'exige. Ou bien, dans le cas contraire, le gestionnaire-propriétaire
peut se voir offrir un prix plus élevé pour son entreprise, à la
condition expresse qu'il la quitte après l'acquisition, soit immédiatement, soit après la phase d'intégration ou à une période convenue.

Pour garder les gestionnaires à son emploi, l'entreprise acheteuse
peut leur offrir différentes possibilités et les négocier avec eux.
Voyons-en quelques-unes parmi les plus courantes. Par exemple, le
prix de l'entreprise vendeuse peut s'établir en fonction des résultats
financiers futurs de l'entreprise acquise (*payout*) (Reum et Steele,
1970). Une telle décision exige, notons-le, un suivi distinct des
opérations financières de l'entreprise acquise et peut constituer une
entrave, plus ou moins importante, à la synergie financière. Ou

encore, l'entreprise acheteuse peut offrir aux gestionnaires une participation minoritaire dans l'entreprise acquise. Elle peut aussi instaurer un régime d'intéressement, un plan de partage des bénéfices, etc. (Leighton et Tod, 1969).

Le point commun de ces options, c'est principalement la motivation économique. Si cette motivation comporte des forces, elle présente aussi des limites. Par exemple, le paiement au prorata des bénéfices peut inciter les gestionnaires à maximiser le bénéfice à court terme au détriment du développement à long terme (Mace et Montgomery, 1962 ; Rappaport, 1978). Si la direction de l'entreprise acquise n'est pas efficace, l'entreprise acheteuse peut se trouver dépourvue de moyens d'agir avant la période prévue de paiement. Bien qu'elle puisse tenter de conseiller ou de persuader la direction (de l'entreprise acquise), son pouvoir d'intervention demeure limité par les clauses du contrat d'acquisition.

En ce qui concerne le contrat d'acquisition, il est estimé important de considérer les effets éventuels des clauses (selon leur interprétation) sur le comportement des gestionnaires, bien qu'on doive également situer la relation entre les deux entreprises dans une perspective plus large. De même, on porte attention aux contrats d'emploi, car les droits acquis peuvent limiter les possibilités ou les options de gestion de l'entreprise acquise. Dans le même ordre d'idées, soulignons l'ambivalence de certains moyens de motivation économique, tels les régimes d'intéressement.

Encourager l'établissement de liens interpersonnels (MacDougal, 1970), développer un sentiment d'appartenance, offrir l'occasion de relever des défis intéressants, figurent parmi les moyens, peut-être plus sûrs, de retenir et de motiver les gestionnaires. Compte tenu que la motivation des gestionnaires doit s'articuler dans le contexte de « l'après-acquisition », on aura soin de considérer attentivement les effets possibles des divers moyens de motivation envisagés, de façon à éviter ou à diminuer le risque de voir la situation de l'entreprise acquise se détériorer, à plus ou moins long terme.

- Par exemple, à la suite de son acquisition par le Groupe La Laurentienne en 1984, Canagex Placements Ltée, firme de conseillers en placements, aurait réalisé une piètre performance et éprouvé des difficultés sur le plan de la gestion. Ces difficultés seraient principalement attribuables au fait que les « anciens entrepreneurs » étaient devenus des gestionnaires salariés bien nantis. Désintérêt et dissensions auraient suivi l'acquisition et entraîné des départs. Le remplacement ou le rappel de gestionnaires qui avaient quitté l'entreprise auraient permis de former une nouvelle équipe de gestion. De plus, en 1988, le Groupe La Laurentienne aurait cédé près de la moitié de ses actions aux nouveaux cadres de Canagex.

Cet exemple fait bien ressortir l'importance, pour l'entreprise acheteuse, de prévoir les changements du contexte de gestion de l'entreprise vendeuse et de considérer, dans cette perspective, le maintien (ou non) des gestionnaires ainsi que les moyens de motivation. À cet égard, soulignons que l'approche de la gestion et de la rémunération des cadres d'une grande entreprise peut différer sensiblement de celle d'une petite ou moyenne entreprise.

Aussi, lors d'une acquisition, l'entreprise acheteuse doit-elle être attentive à ces divers aspects reliés à la transaction, comme le démontrent les deux autres exemples ci-après.

• Lors de l'acquisition d'ABA Industries, qui fabrique et assemble des pièces de moteurs d'avions à réaction, il semble qu'Héroux, spécialisée dans les trains d'atterrissage, les servomécanismes et les pièces de précision, ait pris des mesures pour maintenir la motivation des gestionnaires en place au moment de l'acquisition. À cette fin, ceux-ci auraient conservé 20 % du capital-actions et pourraient miser sur le développement de l'entreprise pour accroître la valeur de leur participation.

• On sait que Culinar, spécialisée dans le domaine de l'alimentation, a versé un million de dollars en primes de départ à des gestionnaires, à la suite du renouvellement de l'équipe de gestion (en 1989). Le montant de ces primes a été inclus dans les frais généraux d'administration, de même que quatre millions de dollars imputables à l'acquisition d'Interbake. Rappelons que Culinar est sous le contrôle de la Société d'investissement Desjardins (S.I.D.), qui possède un peu plus de la moitié des actions (52,1 %).

B. — *Les problèmes prévisibles de relations de travail*

L'examen du climat de travail permet à l'entreprise acheteuse de déceler les problèmes éventuels. Si elle prévoit ne pas pouvoir les contrer ou les régler dans un délai acceptable et à des coûts raisonnables, les problèmes prévisibles de travail peuvent empêcher la conclusion de la transaction.

Si l'entreprise acheteuse estime pouvoir contrer ces problèmes ou y apporter des solutions satisfaisantes, et si elle manifeste toujours de l'intérêt pour l'entreprise vendeuse, les problèmes prévisibles de travail affectent généralement la valeur (le prix) de l'entreprise vendeuse. À partir d'estimations sommaires des coûts probables ou des pertes éventuelles de revenus (ou l'un et l'autre) à absorber, l'entreprise acheteuse négocie une diminution du prix de l'entreprise vendeuse.

Précisons cette question de relations de travail à l'aide d'exemples.

- Au moment du rachat d'Eastern Airlines, une compagnie d'aviation, par un groupe d'investisseurs, celle-ci était déjà paralysée par une grève provoquée par le refus du personnel d'accepter des concessions salariales demandées par Texas Air (une compagnie d'aviation) en vue d'aider la compagnie à surmonter ses difficultés financières. Cependant, des concessions salariales plus élevées, proposées par le groupe d'investisseurs au personnel syndiqué et non syndiqué en échange d'une participation dans le capital de la compagnie, ont fait l'objet d'une entente avec le syndicat, permettant ainsi la conclusion de la transaction.

- Dans un dossier d'acquisition que nous avons examiné et qui concernait une entreprise syndiquée, nous avons constaté que les problèmes de relations de travail faisaient l'objet d'un examen attentif. En dépit d'un passé chargé d'affrontements, l'entreprise acheteuse estimait (à juste titre) que les relations de travail évolueraient positivement, à moins d'imprévus.

C. — *Les modifications du régime de retraite*

Dans la perspective de la situation future de l'entreprise vendeuse, on examine le régime de retraite en vigueur et identifie les modifications que l'on voudrait y apporter. Ces modifications n'interviennent cependant dans la détermination du prix que si elles ramènent les avantages dans l'entreprise vendeuse au même niveau que ceux dans l'entreprise acheteuse. Vu leur caractère occasionnel, ces modifications revêtent généralement peu d'importance dans la détermination du prix de l'entreprise vendeuse.

- Soulignons que les caisses de retraite peuvent exercer un attrait non négligeable pour des acquéreurs éventuels. Le cas le plus célèbre est celui de l'acquisition de USX, un géant américain de l'acier menacé de faillite, par Carl C. Icahn, président de TWA, qui en avait offert un prix fort de 31 $ l'action. Un excédent de 2 milliards de dollars américains de la caisse de retraite expliquerait ce geste étonnant au premier abord. La revente de USX devait procurer un important bénéfice à Carl C. Icahn (en 1987) (Gilson, 1987).

11.2.3. *Les facteurs administratifs*

Parmi les facteurs d'acquisition, la poursuite des activités d'exploitation constitue un élément majeur de l'examen de l'entreprise vendeuse. Aussi est-il un élément considéré dans l'examen de la situation future de cette entreprise.

A. — *La poursuite des activités d'exploitation*

En somme, les activités d'exploitation sont la raison d'être de l'entreprise, elles en constituent « l'essence » même. La poursuite de ces activités est reliée à la survie et au développement de l'entreprise ; elle traduit la réalisation effective de son potentiel de développement. Dans cette optique, la valeur économique de l'entreprise se traduit par sa valeur d'exploitation (*going concern value*) (Belkaouï, 1981 ; Hendricksen, 1965 ; Noly, 1969 ; Sylvain, 1982 ; Ziadé, 1969).

Il est possible que l'entreprise acheteuse envisage le démantèlement de l'entreprise sous examen ou la vente de certains de ses actifs, comme nous l'avons déjà signalé.

- Ainsi, après avoir acquis de Publications Les Affaires la publication Québec Construction qui lui faisait concurrence, Constructo a mis fin à cette publication.

Elle peut aussi acheter une entreprise, puis se retirer d'un marché afin de concentrer ses efforts sur d'autres marchés.

- Par exemple, après avoir acquis la chaîne de restaurants Mother's Restaurants, M-Corp, société de gestion, s'est retirée du marché de Winnipeg et entend développer la chaîne en Alberta, en Ontario et dans les Maritimes.

Ou encore, elle peut acquérir une entreprise concurrente et en conserver l'autonomie de même que l'identité distincte.

- Il en est ainsi de l'acquisition d'Elisabeth Arden par Fabergé, les deux entreprises de cosmétiques étant concurrentes (en 1987).

Néanmoins, l'entreprise acheteuse vise généralement à conserver l'entreprise vendeuse et elle porte intérêt à la poursuite des activités de cette dernière, en tout ou en partie, selon la perspective de gestion que nous privilégions dans cet ouvrage.

- Par exemple, il semblerait qu'Agropur, Purdel et Sealtest aient chacune tenté d'acquérir Estrie-Lait, une laiterie située à Magog (en 1989). Les actionnaires de celle-ci auraient préféré vendre l'entreprise au Groupe Casavant, qui assurait le maintien des activités de la laiterie.

11.3. L'examen des liens à établir entre les deux entreprises, acheteuse et vendeuse

Dans l'examen des liens à établir entre l'entreprise acheteuse et l'entreprise vendeuse, à la suite de son acquisition, on considère des facteurs reliés aux ressources humaines. Voyons quels sont ces facteurs et comment ils interviennent dans la détermination de la valeur (du prix) de l'entreprise sous examen.

11.3.1. *Les facteurs stratégiques*

Rappelons qu'aucun facteur stratégique particulier n'intervient dans l'examen des liens à établir entre les deux entreprises.

11.3.2. *Les facteurs reliés aux ressources humaines*

L'intégration des gestionnaires et la compatibilité des avantages sociaux : tels sont les facteurs reliés aux ressources humaines dont l'entreprise acheteuse doit tenir compte.

A. — *L'intégration des gestionnaires*

Envisagée en tant que facteur spécifique, l'intégration des gestion-naires revêt généralement plus ou moins d'importance, car elle exerce peu d'influence sur la détermination du prix de l'entreprise vendeuse.

Néanmoins, lorsqu'elle correspond au développement d'un sentiment d'appartenance, l'intégration des gestionnaires revêt une grande importance, car elle facilite l'instauration de changements et permet une plus grande mobilité du personnel. Par un phénomène de rétroaction, la mobilité des gestionnaires peut constituer un moyen pour favoriser les échanges entre le personnel et améliorer la communication, partant développer un sentiment d'appartenance chez les « nouveaux gestionnaires » de l'entreprise acheteuse.

Signalons que la mobilité peut se faire dans les deux sens : les mouvements du personnel de l'entreprise acheteuse vers l'entreprise acquise ne sont pas à exclure, loin de là. De plus, des situations courantes peuvent contribuer à une certaine intégration des gestionnaires et au développement du sentiment d'appartenance ; pensons à la coopération entre le personnel, à l'assistance fournie par l'une des entreprises, à la réalisation de projets communs, et la liste pourrait s'allonger.

En somme, l'importance allouée à l'intégration des gestionnaires peut être associée à certains bénéfices ou à certains avantages financiers, mais elle est surtout vue comme la capacité de participer activement et pleinement aux activités de l'entreprise, « acheteuse + vendeuse », à la suite de l'acquisition. De ce point de vue, l'intégration des gestionnaires est considérée comme une source potentielle de revenus, comme un apport à la capacité de gestion de l'entreprise acheteuse.

Pour toutes ces raisons, l'entreprise acheteuse a visiblement intérêt à considérer l'intégration des gestionnaires au moment de l'évaluation de l'entreprise vendeuse. D'une part, l'examen de cet aspect peut être fait à partir d'informations déjà recueillies ; il n'alourdit pas le processus d'évaluation. D'autre part, une telle considération peut contribuer à la planification de la phase d'intégration et à sa mise en œuvre. L'entreprise acheteuse peut ainsi retirer de cet examen un « bénéfice de gestion » appréciable.

B. — *La compatibilité des avantages sociaux*

Dans l'examen des liens à établir entre les deux entreprises, acheteuse et vendeuse, on examine aussi la question de la compatibilité des avantages sociaux. Toutefois, celle-ci revêt généralement peu d'importance dans la détermination du prix, car elle est considérée comme peu coûteuse et facultative.

Les modifications à la caisse de retraite et la compatibilité des avantages sociaux constituent des aspects secondaires qu'il convient d'examiner selon leur importance, dans chaque cas particulier. Par contre, le niveau comparatif de la rémunération est un élément majeur qui influe (ou peut influer) sur la détermination du prix d'acquisition ; il s'agit donc d'un facteur d'acquisition d'importance.

- À titre d'exemple, mentionnons que, lors de l'acquisition par le Canadien Pacifique (CP) de la participation du Canadien National (CN) dans CNCP Télécommunications et dans Télécommunications Terminal Systems (en 1988), CNCP a fait savoir à son personnel qu'il conserverait les mêmes avantages sociaux qu'auparavant.

Comme l'illustre cet exemple, une acquisition n'entraîne pas nécessairement des changements dans les avantages sociaux. Cependant, on est généralement tenu d'en informer officiellement le personnel, si ce n'est de le rassurer à cet égard.

En ce qui concerne les régimes d'intéressement, la vigilance est de rigueur. Dans certains cas, il peut être souhaitable d'intégrer ces régimes, de façon à assurer une plus grande mobilité du personnel, par exemple (Hawn, 1969). Cependant, dans d'autres cas, une telle intégration peut avoir des effets désastreux (Kitching, 1973). Ainsi, l'uniformisation des régimes diminue les avantages dans l'entreprise acquise, le moral de son personnel pourrait s'en ressentir (Hawn, 1969 ; Mace et Montgomery, 1962). Advenant que des changements soient nécessaires ou avantageux dans les régimes d'intéressement (pour les harmoniser, par exemple), on tendra à les faire dans le régime de l'entreprise acheteuse plutôt que dans celui de l'entreprise acquise, s'il est jugé à propos (McQuillan *et al.*, 1980). Notons que depuis quelques années, les régimes d'intéressement des employés au capital et les régimes de participation aux bénéfices se font de plus en plus nombreux.

- Tel est le cas dans les entreprises Canam-Manac, Cascades, CGI, Métal Rousseau, Métallurgie Frontenac, Provigo, Shermag, Sico, SNC, Tapis Peerless et Témisko, de même qu'à la Banque nationale et à la Banque Royale, pour ne mentionner que quelques entreprises.

11.3.3. *Les facteurs administratifs*

Soulignons, enfin, qu'aucun facteur administratif n'intervient comme tel dans l'examen des liens à établir entre les deux entreprises, acheteuse et vendeuse.

CONCLUSION

Pour compléter notre réflexion sur le sujet de l'acquisition et clore cet ouvrage, trois thèmes feront l'objet de discussions : l'acquisition en tant que moyen de croissance de l'entreprise, les limites possibles de la croissance et, enfin, les comportements prévisibles dans les années 1990, en matière d'acquisition et de fusion d'entreprises. Mais auparavant, revoyons brièvement les points essentiels que nous avons développés.

Le phénomène de l'acquisition et de la fusion d'entreprises ou, en d'autres termes, les achats d'entreprises par d'autres entreprises, occupe une place notable dans notre environnement socio-économique. Les journaux et les revues font régulièrement état de telles activités. Nombre de personnes sont touchées «dans leur vie quotidienne», d'une façon ou d'une autre, par les bouleversements qui en découlent, parfois heureux, parfois regrettables (Bélanger *et al.*, 1989).

Plusieurs facettes de ce phénomène mériteraient d'être analysées et pourraient se révéler tout aussi intéressantes et pertinentes les unes que les autres. Pour notre part, nous avons choisi de traiter l'acquisition d'entreprises du point de vue de l'acquéreur et dans la perspective de la gestion. Tous nos propos s'inscrivaient donc dans le cadre de cette orientation générale.

Nous avons mis l'accent sur la nécessité, pour l'entreprise acheteuse, de planifier ses activités d'acquisitions et de procéder soigneusement à l'examen de l'entreprise cible ou vendeuse. Pour ce faire, elle peut formuler un plan de gestion et d'intégration de la « future entreprise », du moins dans ses grandes lignes, *avant* même que la transaction soit conclue. De cette façon, elle pourra contenir les inquiétudes et les incertitudes et éviter les heurts inutiles. Bref, elle sera prête à gérer l'entreprise d'une façon efficace et responsable.

L'acquisition d'entreprises étant une transaction financière qui exige généralement d'importants capitaux, les aspects financiers occupent, à bon escient, une place importante dans la démarche de l'évaluation. Cependant, cette importance ne devrait pas masquer celle des facteurs autres que financiers, soit les facteurs stratégiques et administratifs, mais avant tout, les facteurs reliés aux ressources humaines. Les résultats de recherches scientifiques indiquent d'ailleurs que le fait de négliger la dimension humaine peut expliquer, en partie, l'échec de certaines transactions.

Dans la recherche récente que nous avons effectuée auprès d'experts, de gestionnaires et d'experts-comptables, il est ressorti que des « entreprises à succès » accordent de l'importance aux ressources humaines, dans le contexte d'acquisition. Parmi les facteurs généraux d'acquisition, les facteurs reliés aux ressources humaines constituent, avec les facteurs stratégiques, les pôles de la décision d'acquérir ou non une entreprise, devançant les facteurs financiers et administratifs. Parmi les facteurs spécifiques d'acquisition, les facteurs reliés aux ressources humaines se classent les deuxièmes en importance, après les facteurs financiers, quoique loin derrière ceux-ci ; suivent les facteurs stratégiques et administratifs (Rousseau, 1987).

Il semble que l'entreprise acheteuse avisée reconnaît aujourd'hui l'importance des ressources humaines, mais qu'elle a encore de la difficulté à prendre en compte cet aspect étant donné, notamment, l'état actuel des connaissances. Par conséquent, il y a lieu d'espérer que l'avancement des connaissances, auquel nous contribuons, conduira à une prise en considération plus marquée des ressources humaines lors des transactions d'acquisition et de fusion d'entreprises.

L'acquisition : un moyen de croissance parmi d'autres ?

Du point de vue de la gestion, l'acquisition et la fusion d'entreprises sont considérées comme des modes d'expansion externe, des moyens pour accroître la taille de l'entreprise. Mais l'expansion peut aussi se faire par voie interne.

Pour situer les choses dans leur juste perspective, l'entreprise désireuse de prendre de l'expansion devrait considérer les diverses étapes pour atteindre ce but, selon l'ordre de préséance suivant (Mintern, 1972) :

- En premier lieu, elle devrait explorer toutes les possibilités d'expansion interne par une utilisation plus efficace et plus efficiente de ses ressources actuelles.

- En deuxième lieu, elle devrait examiner l'expansion interne par l'addition de nouvelles ressources, par exemple en augmentant de la gamme de ses produits.

- En troisième lieu, elle pourrait envisager les possibilités d'expansion par voie externe, dont l'acquisition et la fusion.

• Par exemple, Trustco général du Canada s'est développée d'une façon importante au début des années 1980 sans réaliser aucune acquisition. Par contre, Guillevin International de même que Télésystème National ont choisi de croître au moyen d'acquisitions.

Une entreprise peut opter pour le développement interne et se raviser, si l'occasion de réaliser une acquisition « à bon prix » se présente.

• Tel semble être le cas de la Banque Nationale, qui a acquis la firme Lévesque Beaubien afin d'accéder au domaine du courtage en valeurs mobilières, au lieu de développer elle-même ce secteur comme elle l'avait initialement prévu.

Notons-le, l'acquisition est « une » façon parmi d'autres d'atteindre des objectifs d'expansion ; pour chacun des cas, l'entreprise devrait s'assurer que c'est la « bonne » façon d'y arriver et être prête, si tel est le cas, à déployer tous les efforts nécessaires pour en assurer la réussite. Il en est de même de la fusion d'entreprises (Hussey, 1973 ; Hastens, 1973 ; Kumar, 1977 ; Mace et Montgomery, 1962 ; Wheele, 1981).

Cela dit, nous avons bien conscience que cette façon prudente de présenter l'acquisition contraste avec l'idée fort répandue que l'acquisition est un moyen rapide, et même facile, pour atteindre des objectifs d'expansion. Certaines personnes vont même jusqu'à considérer l'acquisition comme une solution à la portée de la main et, au surplus, rayonnante du *business-glamour*. Pourtant, les statistiques, dont nous avons fait état, dans le premier chapitre, sont sans équivoque : peu de transactions se traduisent par un franc succès. L'acquisition n'est pas un moyen facile d'expansion. Le processus pour y arriver comporte des exigences et fait appel à des habiletés ; c'est un défi intéressant à relever, mais c'est un défi tout de même. Par ailleurs, il est possible que l'acquisition, en elle-même, soit un moyen d'expansion plus rapide que d'autres, mais à condition qu'elle soit une réussite, cela va sans dire.

L'expansion de l'entreprise peut aussi être envisagée comme une étape du cycle de vie de l'entreprise (Adizes, 1980 ; Bos, 1969 ; Kimberly, 1981). Ainsi, le début de l'entreprise peut être marqué par le développement interne. Puis, après avoir atteint son « autodéveloppement maximal », l'entreprise peut se tourner vers les possibilités offertes par une expansion externe et l'accompagner d'un effort important de consolidation ou alterner avec un effort de consolidation. Le colloque du Groupement québécois d'entreprises (G.Q.E.), qui regroupe des dirigeants de petites et moyennes entreprises, a nettement fait ressortir cette dimension de la croissance de l'entreprise (colloque tenu en septembre 1987).

L'expansion de l'entreprise peut également être abordée sous l'angle du cycle de vie du produit (Scott, 1973). Par exemple, il arrive que l'existence d'un seul produit marque le début de l'entreprise, puis qu'au stade de la croissance, l'entreprise vise à élargir sa gamme de produits. Pour ce faire, elle peut choisir de développer de nouveaux produits au moyen de ressources internes ou opter pour un mode d'expansion externe, dont l'acquisition.

- Donnons ici l'exemple de Shermag. L'acquisition d'entreprises a permis à cette dernière de passer d'un produit, les meubles en bois massif, à une gamme complète de meubles de maison, soit : des meubles en bois plaqué de haute qualité par l'acquisition de Mobilier HPL, des meubles prêts-à-assembler par l'acquisition de Scanway, des meubles rembourrés par l'acquisition de Créations Mobilières Chanderic.

À tout moment de son existence, l'entreprise devrait d'abord s'assurer qu'elle possède une solidité financière et une expérience de gestion suffisantes *avant* de procéder à une acquisition. Il peut arriver que l'échec d'une transaction entraîne la faillite de l'entreprise acheteuse, ou lui cause des difficultés telles qu'elle n'ait d'autre choix que de devenir elle-même une cible d'acquisition.

En matière d'acquisition, il semble également souhaitable d'éviter le « trop peu » et le « trop ». D'une part, la fréquence des acquisitions doit être suffisante pour permettre à l'entreprise de développer des habiletés en ce domaine. D'autre part, cette fréquence ne devrait pas être trop grande afin de permettre à l'entreprise d'intégrer convenablement les entreprises acquises. Certains sont d'avis que l'entreprise devrait réaliser, au plus, une ou deux acquisitions par année, et au moins une acquisition tous les quatre ou cinq ans environ. On fait une mise en garde contre les excès, « l'indigestion corporative » (*corporate indigestion*), selon l'expression consacrée. Au moment opportun, il faut savoir s'arrêter et consolider (McCarthy, 1963 ; Reid, 1969 ; Terry, 1980).

- Par exemple, la firme Les Coopérants a marqué un moment d'arrêt dans son expansion (en 1988), afin de consolider son développement à la suite d'acquisitions. Par contre, Télésystème National a réalisé 28 acquisitions en sept ans et semble bien s'en porter.

En somme, le « nombre idéal » d'acquisitions peut s'établir en fonction de plusieurs aspects, dont l'expérience de l'entreprise acheteuse, la taille relative de l'entreprise acquise, etc. C'est, en somme, une question de dosage.

Mentionnons que depuis juillet 1987, les entreprises canadiennes doivent se soumettre aux exigences de la nouvelle loi sur la concurrence. Entre autres choses, avant de conclure une transaction d'acquisition ou de fusion, les parties contractantes doivent adresser un préavis au directeur des enquêtes et recherches, si les actifs ou les revenus annuels (provenant de ventes) des deux entreprises dépassent 400 millions de dollars, ou si la transaction porte sur des actifs ou des revenus annuels supérieurs à 35 millions de dollars dans le cas d'une acquisition, ou à 70 millions dans le cas d'une fusion.

Jusqu'à quel point l'entreprise doit-elle croître ?

En ce qui a trait à la croissance, en général deux points de vue s'affrontent. Pour les uns : *Small is beautiful*, auxquels propos les autres répliquent : *Big is better* (Robbins, 1983). Pour un auteur fort connu, Peter Drucker, la croissance de l'entreprise n'est pas, en soi, une « vertu » ; l'essentiel est de faire la différence entre la croissance et « l'obésité ». Selon l'auteur, une entreprise devrait avoir une taille qui convienne à son marché, à son économie, à sa technologie ; la taille appropriée est celle qui permet le rendement optimal des ressources de production. Par conséquent, si la taille de l'entreprise est marginale dans son propre marché, cette taille est inadéquate, qu'elle soit petite ou grande. Il donne, à titre d'exemple, la marginalité de Chrysler dans son marché (Drucker, 1984).

Il est donc pertinent de se demander si l'on devrait poser en ces termes la problématique du libre-échange et de la concentration économique qui pourrait l'accompagner, ou même le précéder! À tout le moins, il nous semblerait approprié d'examiner la question sous cet angle, entre autres. Ainsi, le marché d'une entreprise peut être envisagé globalement ou sélectivement.

- Par exemple, dans le domaine brassicole, à côté des géants Molson-O'Keefe et Labatt, il y a place pour des mini-brasseries (dont la production est artisanale) qui occupent moins de 2 % du marché mais qui sont « débordées » par la demande. Nommons, entre autres, les Brasseurs GMT (bière Belle Gueule), les Brasseurs du Nord (bière Boréale), la Brasserie Peter McAuslan (bière St-Ambroise) et La Porteneuvoise (bière du même nom). Desservant un créneau particulier du marché local, les mini-brasseries peuvent atteindre une taille optimale à leur échelle.

Par ailleurs, dans le contexte du marché nord-américain (Canada et États-Unis), les grandes brasseries canadiennes ne font pas le contrepoids des entreprises américaines. Toutefois, l'industrie brassicole ne fait pas partie de l'accord de libre-échange entre le Canada et les États-Unis.

Sans nous adonner à faire des présages, rappelons l'acquisition des mini-brasseries, Brasserie Black Horse (bière du même nom) et Brasserie Frontenac (bière lager Bleue) par de grandes brasseries, dans les années 1940.

En somme, il n'est certes pas souhaitable pour une entreprise de vouloir atteindre une taille qui soit au-delà ou en deçà de sa taille optimale.

Dans la société, il règne une certaine ambivalence par rapport à la croissance des entreprises. D'une part, celle-ci reçoit un accueil positif, on la perçoit comme un signe de vitalité, de dynamisme, de progrès. D'autre part, on craint la concentration économique et l'on tente de contrer la formation de monopoles. En somme, on bénit d'une main la croissance de l'entreprise, et de l'autre, on tente d'imposer des limites à des excès possibles (Krause et Lothian, 1989).

- Ainsi, l'acquisition de Genstar par Imasco (en 1987) a été examinée à la loupe par le gouvernement canadien ; pendant un moment, on a même pensé que celui-ci bloquerait la transaction. De même, l'acquisition de cinq usines de gypse américaines par Domtar (en 1986) a été examinée par le département d'État de la justice américaine, en vertu de la législation antitrust de ce pays.

Que nous réservent les années 1990 ?

Personne, bien sûr, ne peut connaître ce qu'il adviendra dans l'avenir. En ce sens, nous ne pouvons prédire avec certitude si la tendance actuelle dans le domaine de l'acquisition et de la fusion d'entreprises va se poursuivre ou se renverser. Néanmoins, sous toute réserve et sous l'hypothèse que la tendance actuelle se maintienne, nous pouvons prévoir certains comportements dans ce domaine.

Ainsi, il semble que les acquisitions et les fusions d'entreprises, que les prises de contrôle — hostiles ou amicales — bref, que le *merger mania* se maintiendra et même s'accentuera au cours des prochaines années. Trois paliers d'intervention y concourent, soit l'entreprise elle-même, l'industrie qui s'est développée en cette matière et les marchés économiques (Dobrzynski, 1988).

Incontestablement, les transactions d'acquisition et de fusion d'entreprises font désormais partie des méthodes courantes de développement de l'entreprise. Il faut dire que, utilisés à bon escient, ces moyens peuvent éventuellement produire les résultats escomptés par l'entreprise.

Dans certains domaines, la saturation du marché peut inciter l'entreprise qui veut croître à acquérir d'autres entreprises ou à s'y adjoindre en vue de prendre de l'expansion.

- Ainsi, à côté de Lavalin qui œuvre sur les marchés mondiaux et participe à de grands consortiums, on trouve Bombardier qui a effectué une percée remarquable sur le marché européen (en acquérant Short Brothers), Québécor qui est présente sur le marché américain, Guillevin qui étend ses activités sur le marché canadien, et la liste pourrait s'allonger.

De plus, les actionnaires qui veulent obtenir un rendement élevé à court terme poussent, en quelque sorte, l'entreprise à croître par des acquisitions, car il arrive que la croissance interne ne puisse générer des bénéfices dans un court délai. C'est ainsi que l'on opte parfois pour l'achat d'une entreprise qui a développé de nouvelles technologies plutôt que d'investir dans la recherche et le développement (couramment désignés par R-D) qui ne rapportent généralement qu'à long terme.

L'acquisition peut aussi être envisagée comme un moyen défensif pour faire face à d'éventuelles prises de contrôle.

- Par exemple, le Groupe SNC, importante firme de génie-conseil, compterait entreprendre éventuellement un programme d'acquisitions. En plus d'assurer le développement de l'entreprise dans un secteur nouveau, la protection de l'environnement, les acquisitions pourraient la protéger contre une possible prise de contrôle. Ainsi, un plan d'acquisition peut-il, du même coup, cadrer avec un plan stratégique de croissance et fournir des moyens tactiques de défense.

À l'opposé du contrôle ferme par un actionnaire ou d'un petit groupe d'actionnaires, notons que la dispersion des actions entre de nombreux actionnaires crée, de ce fait, une situation plus propice à une prise de contrôle. Néanmoins, des offres alléchantes qui permettent de réaliser rapidement et sans risque des gains considérables peuvent vaincre des résistances qu'auraient autrement manifestées les actionnaires. Il arrive, bien sûr, que les gestionnaires d'une entreprise ne partagent pas nécessairement les vues des actionnaires quant à l'avenir de « leur » entreprise.

Mentionnons deux exemples, à titre d'illustration.

- La propriété du Groupe SNC est, en quelque sorte, diffuse puisque les actions sont dispersées entre de nombreux actionnaires.

- Par contre, la famille Préfontaine est l'actionnaire majoritaire de l'entreprise UAP (United Auto Parts), distributrice de pièces de rechange pour l'automobile.

Soulignons, enfin, que la participation à un « réseau d'affaires » peut aussi constituer un moyen de développer une entreprise et de la « protéger » contre des acquéreurs (si une prise de contrôle n'est pas souhaitée). Une telle stratégie demande, d'une part, que l'entreprise acheteuse devienne actionnaire minoritaire d'autres entreprises et, d'autre part, qu'elle-même fasse une place à d'autres actionnaires. Accepter de s'adjoindre des partenaires constitue, il va sans dire, une exigence fondamentale dans un tel cas ; en contrepartie, l'entreprise peut bénéficier de l'expérience et des connaissances de ses partenaires.

Depuis quelques années, toute une industrie d'experts en la matière s'est développée. Nombre de professionnels, avocats, comptables, fiscalistes, courtiers et autres se spécialisent dans ce domaine et y offrent leurs services. Des firmes conseils ou des filiales voient le jour et offrent aussi des services aux acquéreurs ou aux vendeurs potentiels.

Il n'y a pas d'activités du processus d'acquisition, il n'y a pas d'aspects de l'acquisition ou de la fusion qui ne puissent être couverts par l'un ou l'autre de ces conseillers et spécialistes. La sollicitation et les services en matière d'acquisition et de fusion favorisent les occasions de « faire des affaires ».

Certaines grandes entreprises ont mis en place ou développé leur propre service spécialisé en acquisition et fusion d'entreprises. C'est notamment le cas de grandes firmes d'experts-comptables et de courtiers en valeurs mobilières, dont voici quelques exemples.

- La firme d'experts-comptables Raymond Chabot Martin Paré qui dessert une clientèle intéressée à acquérir des entreprises aux États-Unis ou en Europe a maintenant une nouvelle filiale, Mergerac. Cette filiale est membre de M & A International (M & A est un sigle courant pour désigner *Mergers and Acquisitions*) qui regroupe aux États-Unis et en Europe des banques d'affaires privées et des courtiers en valeurs mobilières de petite et moyenne tailles.

- En achetant Lévesque Beaubien, courtier en valeurs mobilières, la Banque Nationale a acquis le service de fusion et acquisition d'entreprises de cette dernière. Du fait de la déréglementation, elle a pu élargir ainsi sa clientèle à celle des entreprises dont les actions sont inscrites à la bourse.

- Biron, Lapierre et Associés, une firme spécialisée dans la vente d'entreprises, s'adresse à une clientèle de propriétaires de PME (petites et moyennes entreprises).

De plus, de grandes firmes conseils américaines ou leurs filiales canadiennes interviennent parfois lors de transactions importantes. Parmi ces grandes firmes, nommons Drexel Burnham Lambert, First Boston, Leahman Brothers, Shearson.

- Par exemple, il est connu que First Boston est intervenue lors de la mise en vente de Normik Perron.

Actuellement, le nombre d'acheteurs par rapport à celui des vendeurs serait de l'ordre de dix pour un. Une telle effervescence dans les acquisitions d'entreprises a favorisé l'émergence d'un nouveau type d'intervenant, le «chasseur d'entreprises» (*corporate raiders*). Utilisant la plupart du temps les informations publiées dans les journaux, en particulier les journaux spécialisés tel *Les Affaires*, le chasseur d'entreprises repère les acquéreurs et vendeurs potentiels et les met en contact.

Notons que les honoraires versés à divers intermédiaires peuvent atteindre des montants considérables.

- Ainsi, lors de l'acquisition de Consolidated Bathurst, Stone Container a versé (ou devra verser) 100 millions de dollars à divers conseillers, avocats, courtiers, dont:
  - la banque d'affaires américaine et sa filiale canadienne, First Boston (8,5 millions de dollars américains);
  - les courtiers en valeurs mobilières Burns Fry, Lévesque Beaubien et Scotia-McLeod (de 175 000 $ à 350 000 $ CAN, plus un montant forfaitaire relié à la sollicitation des actionnaires);
  - un intermédiaire anonyme (chasseur d'entreprises?) qui recevrait à titre de commission de démarcheur (*finders fee*) une somme appréciable (26 millions de dollars américains).

Enfin, les marchés économiques incitent, à leur façon, les entreprises à croître afin de demeurer concurrentielles dans une économie qui se planétarise. Bien que toutes les transactions ne soient pas justifiées ou justifiables, le dynamisme du marché américain s'inscrit dans ce courant. Actuellement, des signes avant-coureurs laissent présager que le marché européen n'échappera pas à la poussée des acquisitions et fusions, des OPA amicales ou hostiles (Wiznitzer, 1988; Kirkland, 1988). Qu'adviendra-t-il au Canada et au Québec dans le contexte du libre-échange? Il y a lieu de penser que l'ouverture des marchés favorisera le phénomène de l'acquisition et de la fusion d'entreprises, et le favorise peut-être même déjà, par avance.

En somme, à l'heure actuelle, c'est tout le marché économique qui se transforme à l'échelle mondiale. L'expression «la planétarisation du marché» rend bien l'idée de cette mutation. Les acquisitions et fusions répondent donc à l'évolution du marché, de même qu'elles contribuent, par ricochet, à le façonner. C'est dans cette perspective que peuvent se situer l'accord de libre-échange et l'harmonisation de la Communauté économique européenne (CEE). Par conséquent, l'ère du protectionnisme semble sur le point d'être révolue, du moins en grande partie.

À notre avis, ce nouveau courant n'implique pas qu'il faille « tout acheter ou tout vendre », mais signifie plutôt qu'il est nécessaire d'œuvrer au développement de l'entreprise à partir d'un plan stratégique souple et bien articulé. Une telle nécessité ne s'est jamais fait sentir jusqu'à présent avec autant d'acuité.

- Par exemple, les frères Lemaire, actionnaires majoritaires de Cascades, ont fait savoir publiquement que l'entreprise n'est pas à vendre et qu'ils comptent en poursuivre le développement.

La planétarisation des marchés peut rendre nécessaire, du moins dans certains secteurs d'activités, le regroupement d'entreprises locales. Les géantes ainsi créées pourraient être capables de rivaliser avec d'autres entreprises sur les marchés mondiaux, même si elles ne peuvent atteindre la taille (parfois démesurée) des véritables géantes américaines, japonaises ou européennes.

D'ailleurs, le gigantisme ne constitue pas une panacée. Former des alliances fructueuses, faire preuve de souplesse et de créativité, peuvent aussi s'avérer des garanties de l'efficacité ainsi que du maintien et du renforcement de la position concurrentielle d'une entreprise sur les marchés. On doit, sans aucun doute, garder en mémoire qu'à elles seules, les acquisitions et les fusions ne peuvent suffire à assurer le développement de l'entreprise (Gélinier, 1984).

Dans ce marché économique, il y a aussi de la place pour les petites et moyennes entreprises dynamiques. Par exemple, les entreprises spécialisées, ou s'adressant à des créneaux spécifiques du marché, peuvent se tailler une place sur le marché local ou étranger.

Parmi les motifs à l'origine de certaines transactions, l'accord de libre-échange entre le Canada et les États-Unis est souvent évoqué et parfois même cité comme étant « le » motif de la transaction. Cependant, la réalité nous semble plus complexe et il est rare qu'un seul élément, si important soit-il, intervienne dans une décision d'acquisition ou de fusion.

- Pour ne citer qu'un exemple, mentionnons le regroupement des firmes d'experts-comptables à l'issue duquel les « Big 8 », façon courante de désigner les huit plus grandes firmes, pourraient voir diminuer leur nombre.

À l'ouverture du marché entre le Canada et les États-Unis, s'inscrivant dans le mouvement de la mondialisation des marchés, peuvent s'ajouter d'autres causes à l'origine des transactions d'acquisition ou de fusion dans ce domaine. Mentionnons, entre autres, l'évolution rapide de la technologie (par l'informatisation notamment), la concurrence d'autres firmes comptables et d'autres professionnels (conseillers en informatique, en finances, en gestion, etc.), la saturation du marché de la vérification publique.

Dans le domaine des services comptables, financiers et connexes, les firmes indépendantes de moindre taille peuvent aussi trouver place sur le marché. Nommons, à titre d'exemple, les firmes Raymond Chabot Martin Paré, Groupe Mallette, Samson Bélair.

Divers éléments peuvent agir comme régulateurs et contribuer à accentuer ou à ralentir le phénomène. Çe sont principalement : le prix des actions, la disponibilité des capitaux et les interventions gouvernementales, que nous verrons à tour de rôle.

Ainsi, lorsque le prix des actions est à la baisse, on a souvent avantage à acheter une entreprise plutôt qu'à développer la sienne avec des moyens internes, particulièrement, il va sans dire, si le faible prix des actions correspond à une sous-évaluation de la capacité et du potentiel de l'entreprise cible. Il semble bien que ce soit actuellement la situation générale (*Merger Review*, 1988 ; Weiss, 1988).

- Noranda Mines, actionnaire minoritaire de Falconbridge, aurait adopté la stratégie d'acheter des actions de celle-ci, profitant de la baisse des actions qui a suivi le krach d'octobre 1987. Elle aurait par la suite cessé de racheter des actions, préférant vraisemblablement attendre un autre cycle. Valable en soi, une telle stratégie comporte néanmoins le risque de se faire damer le pion. L'offre publique d'achat (OPA) d'Amax, une entreprise américaine, aux actionnaires de Falconbridge pourrait en être une illustration. On sait, par ailleurs, que Noranda Mines a riposté à cette offre récente, conjointement avec Trelleborg, une entreprise suédoise (par l'entremise de FL Acquisition Corp.).

- En août 1989, la presse faisait état de l'activité boursière intense portant sur les actions de Canadien Pacifique (CP). L'action de cette entreprise étant sous-évaluée, on soulignait qu'il pouvait s'agir de l'indice d'une prise de contrôle éventuelle. Quoi qu'il en soit, une telle activité portant sur un titre sous-évalué peut effectivement être un signe avant-coureur d'une OPA. Il est à noter que l'entreprise est d'autant plus «vulnérable» s'il n'existe pas de bloc de contrôle important, bien qu'elle puisse se «protéger» par diverses tactiques (dans le cas d'une prise de contrôle hostile).

Habituellement, l'entreprise qui estime que le marché sous-évalue ses actions ne prise guère la situation. Elle peut réagir en rachetant elle-même ses actions détenues par des investisseurs, à un prix habituellement plus élevé que celui de leur valeur au marché. On peut aussi utiliser le rachat d'actions comme moyen de restructuration ou pour contrer une éventuelle prise de contrôle.

Notons que les emprunts effectués pour payer les actions ainsi rachetées augmentent le niveau d'endettement de l'entreprise; ils peuvent constituer une mauvaise utilisation de fonds et nuire, jusqu'à un certain point, à son développement. Un tel phénomène n'est pas récent, mais il semble s'accentuer depuis quelques années.

Quelques cas de rachat, parmi d'autres, serviront ici d'exemples.

- En 1987, bon nombre de compagnies américaines ont procédé au rachat de leurs actions, parmi lesquelles figurent American Express, Time, Gillette, CPC International, GTE Corp.

- Plus près de nous, et plus récemment (en 1989), Cantrex, acheteur en gros et vendeur au détail de meubles et d'appareils électroménagers, procédait au rachat de ses actions et à une restructuration majeure en créant deux divisions distinctes: celle des services spécialisés reliés à l'achat en gros et celle de la vente au détail. Elle compterait vendre la première division et conserver la seconde.

Signalons que le magazine américain *Forbes* publie régulièrement la liste des titres qui sont, selon les analystes, sous-évalués sur le marché américain ou sur les autres marchés. Parmi ces titres figurent actuellement les actions d'Alcan Aluminium, de la Banque de Montréal, de la Banque Nationale et d'Air Canada.

Par ailleurs, des événements telles une rumeur d'acquisition, une offre publique d'achat ou l'annonce de l'intention de vendre provoquent habituellement une hausse des actions.

- Par exemple, le journal *Les Affaires* faisait état d'une hausse de certains titres conséquente à une OPA (dans un article intitulé «Les OPA font monter les cours», paru le samedi

8 juillet 1989). On y mentionnait, entre autres, les actions de Financière Entraide-Coopérants, de Nautilus Plus et de Plastibec (fabricant de composantes en PVC).

En outre, la plus ou moins grande disponibilité de capitaux peut influer sur le nombre et l'importance des transactions. Sur ce point, rappelons que la capacité de financement constitue, à n'en pas douter, une véritable limite à la réalisation de projets d'acquisition. Actuellement, banques, caisses d'épargne, fiducies, compagnies d'assurances, caisses de retraite et autres disposent d'une masse importante de capitaux et ne demandent, bien sûr, qu'à faire fructifier ces capitaux. Il s'ensuit qu'un « bon » projet peut trouver preneur (Dobrzynski, 1988).

Quelles sont donc les principales sources de capitaux ?

- Nommons tout d'abord, parmi les fournisseurs de capitaux au Québec : la Caisse de dépôt et de placement du Québec, la Société d'investissement Desjardins (du Mouvement Desjardins), le Fonds de solidarité des travailleurs du Québec-FTQ (Fédération des travailleurs du Québec).

- Les grandes entreprises disposent aussi de capitaux pour des investissements. Par exemple, à la suite de la vente de Consolidated Bathurst, plusieurs millions viendront s'ajouter aux fonds déjà considérables de Power Corporation, par ailleurs financièrement saine.

- D'autres entreprises en « bonne santé » disposent également de capitaux et de capacités d'emprunt, par exemple : Lavalin, Bombardier, Québécor, Cascades.

- Grâce à la conjoncture favorable du prix des matières premières, les sociétés minières possèdent actuellement d'importants fonds. Tel serait le cas, entre autres, de Cambior, d'Inco et de Noranda. On devrait donc s'attendre à des prises de contrôle dans ce secteur, lesquelles pourraient viser particulièrement les petites entreprises minières florissantes.

Enfin, soulignons l'avènement probable au Canada d'un marché d'obligations à haut rendement (*junk bonds*, dites « obligations pourries » ou « obligations de pacotille ») qui a cours depuis une dizaine d'années aux États-Unis [1]. Ces obligations, qui ne sont pas

---

1. Les *junk bonds* ont été conçus ces dernières années par Mike Milken, un financier de la banque d'affaires américaine Drexel Burnham Lambert.

garanties par des éléments d'actif, offrent un haut rendement en compensation du risque élevé qu'elles comportent, en plus d'une participation éventuelle au capital de l'entreprise émettrice. Les obligations à haut rendement servent notamment de levier financier dans les transactions d'acquisitions et de fusions lors d'offres publiques d'achats (OPA).

• Par exemple, Merrill Lynch, par l'entremise du Centre financier international (CFI), entend offrir aux entreprises de multiples formes de financement, dont les obligations à haut rendement, en plus de services spécialisés en acquisition et en fusion d'entreprises.

Le recours à de telles obligations pourrait fournir aux entreprises d'ici une source additionnelle de financement.

• Mentionnons, à titre indicatif, le lancement du Fonds à haut rendement CCFL, de la banque d'affaires Corporation canadienne de financement limitée, qui s'inscrit dans cette perspective.

La législation et les règlements constituent le troisième élément régulateur du phénomène de regroupement d'entreprises. Ainsi, les lois antimonopolistiques, la fiscalité, les lois du travail et autres peuvent favoriser ou contrecarrer les regroupements (Kelly, 1988 ; Dobrzynski, 1988). À l'heure actuelle, on peut se demander si le cadre légal est suffisant, bien articulé et approprié au phénomène de l'acquisition et de la fusion d'entreprises ainsi que de la concentration économique qui peut s'ensuivre. Voyons-en les principaux éléments.

Il existe plusieurs organismes de surveillance qui ont pour mission, notamment, d'examiner les transactions d'acquisition et de fusion et de porter jugement quant au respect des lois et règlements à suivre. Pensons aux organismes d'autoréglementation, telles les bourses de valeurs mobilières (Bourse de Montréal, Bourse de Toronto, etc.), les commissions de valeurs mobilières (CUMQ, CUMO, etc.).

Selon les secteurs d'activités, d'autres organismes de réglementation peuvent aussi intervenir, tel le Conseil de la radiodiffusion et des télécommunications canadiennes (CRTC).

• Ainsi, par une décision majoritaire, le CRTC a accordé au télédiffuseur Télémétropole l'autorisation d'acquérir la majeure partie du capital du Réseau Pathonic (également convoité par Cogeco).

De plus, les sociétés étrangères qui veulent acquérir des entreprises canadiennes doivent obtenir une autorisation d'Investissement Canada, l'agence de tamisage des investissements étrangers.

Même après l'entrée en vigueur de l'accord de libre-échange, Investissement Canada continuera d'examiner les ententes d'acquisition ou de fusion impliquant des entreprises américaines, bien que le seuil des montants requis pour rendre obligatoire une demande d'autorisation ait été haussé (1989). Ainsi, dans le cas d'une acquisition directe, la valeur de l'actif brut de l'entreprise canadienne visée par la prise de contrôle doit être supérieure à 25 millions de dollars canadiens courants (le seuil était auparavant de 5 millions); dans le cas d'une acquisition indirecte, la même valeur doit être supérieure à 100 millions de dollars canadiens courants (le seuil était jusqu'alors de 25 millions).

Enfin, le Bureau de la concurrence examine, pour sa part, les transactions d'acquisition ou de fusion qui pourraient nuire à la concurrence dans les différents secteurs d'activité économique.

- Par exemple, dans le cas d'une offre publique d'achat aux actionnaires de Falconbridge faite par Noranda Mines plutôt que par Amax, une entreprise américaine, c'est probablement le Bureau de la concurrence qui examinerait la transaction plutôt qu'Investissement Canada, car Noranda et Falconbridge réalisent ensemble la plus grande part des bénéfices du secteur minier canadien.

Bien qu'incomplète, cette brève présentation du cadre légal et réglementaire qui entoure les transactions d'acquisition et de fusion incite à penser que le cadre actuel est suffisant, d'autres diraient «plus que suffisant». Théoriquement du moins, les autorités gouvernementales (fédérales, provinciales, municipales) possèdent les moyens de se prononcer sur les transactions et d'agir en conséquence. Néanmoins, vu notamment le nombre croissant et la complexité des transactions, il y aurait sans doute lieu d'examiner l'efficacité réelle de ce cadre et de le revoir, sous cet angle, en regard du dynamisme du contexte économique.

Pour ce qui est de la concentration économique, rappelons tout d'abord que les importantes transactions récentes, Molson-O'Keefe, Canadian Airlines et Wardair ont ravivé les débats sur la concentration économique et soulevé, à cet égard, des inquiétudes. De même, les acquisitions récentes de Québécor (chiffre d'affaires de deux milliards de dollars canadiens en 1989) ont ramené la discussion sur la concentration des entreprises de presse au Québec. La Fédération professionnelle des journalistes du Québec (FPJQ) ainsi que le Conseil de presse du Québec comptent se pencher à nouveau sur cette question. Selon un sondage d'opinion de Statistique Canada, 70% des Canadiens se disent inquiets à propos de la concentration économique.

Notons qu'en 1985 et 1986, le journal *La Presse* a publié une série d'articles sur le phénomène des mainmises de compagnies et de la concentration d'entreprises au Canada. Pour leur part, Corporations et Consommation Canada et Statistique Canada publient régulièrement des études sur le sujet.

On peut donc constater que le phénomène de l'acquisition et de la fusion d'entreprises comporte de multiples facettes et suscite de l'intérêt à maints égards. Complexe et fascinant, ce phénomène s'inscrit au cœur des activités économiques et contribue à façonner notre milieu socio-économique.

BIBLIOGRAPHIE

Les exemples de transactions sont tirés des journaux suivants :
- *La Presse,*
- *Le Devoir,*
- *Le Journal de Montréal,*
- *Les Affaires,*

et des revues suivantes :
- *L'Actualité,*
- *Commerce.*

ACHTMEYER, W. F., M. H. DANIELL. « How Advanced Planning Widens Acquisition Rewards », *Mergers & Acquisitions,* juillet-août 1988, p. 37-42.

ADIZES, I. *L'ère du travail en équipe. Méthode de diagnostic et règles d'action,* Paris, Les Éditions d'Organisation, 1980, 247 p.

ADLER, H. S. « So You Want to Acquire a Company », *Management Focus,* mai-juin 1980, p. 37-47.

ALBERTS, W. W., J. E. SEGALL. *The Corporate Merger,* Chicago, The University of Chicago Press, 1974, 287 p.

ALBROOK, R. C. « The Frustrations of the Acquired Executive », *Fortune,* novembre 1969, p. 152-172.

ALLA, J. *L'évaluation de l'entreprise. De la théorie à la pratique,* Paris, Éditions Cujas, 1978, 284 p.

ALLAN, R. M. « Expansion by Merger », *in* ALBERTS, W. W., J. E. SEGALL, *The Corporate Merger*, Chicago, The University of Chicago Press, 1974, p. 101-116.

ANDREWS, K. R. *The Concept of Corporate Strategy*, New York, R. D. Irwin, 1980, 180 p.

ANGERS, G. « Le droit et le devoir à l'information », *in* BÉLANGER, L., C. LIPSIG, F. MORIN, M. PÉRUSSE (sous la direction de), *Acquisition ou fusion d'entreprises et emplois*, Département des relations industrielles de l'Université Laval, Québec, Les Presses de l'Université Laval, 1989, p. 85-89.

ANSOFF, H. I. *Corporate Strategy. An Analytic Approach to Business Policy Growth and Expansion*, New York, McGraw-Hill, 1965, 241 p.

ANSOFF, H. I., R. G. BRANDENBURG, F. E. PORTER, R. RADESEVICH. *Acquisition Behavior of U.S. Manufacturing Firms, 1946-1965*, Nashville, Vanderbilt University Press, 1971, 146 p.

ARCHIER, G., H. SERIEYX. *L'entreprise du 3ᵉ type*, Paris, Le Seuil, 1984.

ARNOLD, J. D. « Consider the "Acquired" Executive », *Financial Executive*, janvier 1970, p. 18-23.

BAKER, T. « Bad Will », *Forbes*, mai 1981, p. 90, 93.

BARNAY, A., G. CALBA. *Combien vaut votre entreprise ?*, Paris, Entreprise Moderne d'Édition, 1968, 252 p.

BARRET, P. F. *The Human Implications of Mergers and Takeovers*, Londres, Institute of Personnel Management, 1973, 128 p.

BARREYRE, P. Y. « Typologie des innovations », *Revue française de gestion*, janvier-février 1980, p. 9-15.

BAUMER, H., L. J. NORTHART. *Buy, Sell, Merge: How to Do It*, Englewood Cliffs, Prentice-Hall, 1971, 184 p.

BEAN, D. G. *Financial Strategy in the Acquisition Decision*, Epping Essex, Gower Press, 1975, 175 p.

BECKER, G. « Investment in Human Capital: A Theoretical Analysis », *Journal of Political Economy*, octobre 1962, p. 9-49.

BECKER, G. *Human Capital*, National Bureau of Economic Research, New York, Columbia University Press, 1964, 268 p.

BÉLANGER, L., C. LIPSIG, F. MORIN, M. PÉRUSSE (sous la direction de), *Acquisition ou fusion d'entreprises et emplois*, Département des relations industrielles de l'Université Laval, Québec, Les Presses de l'Université Laval, 1989, 262 p.

BELKAOUI, A. *Théorie comptable*, Québec, Les Presses de l'Université du Québec, 1981, 337 p.

BENNIS, W. G., B. NANUS. *Diriger. Les secrets des meilleurs leaders*, Paris, InterÉditions, 1985, 197 p., trad. fr. de *The Strategies for Taking Change*, New York, Harper & Row, 1985, 190 p.

BERNARD, Y., J.-C. COLLI. *Vocabulaire économique et financier*, Paris, Éditions du Seuil, 1976, 415 p.

BERGER, F. «Fusions et acquisitions: 1 sur 2 échoue», Montréal, *La Presse*, 17 mars 1989, p. C-1.

BETTERLEY, D. A. «Inheriting Risk in Acquisition or Merger», *Financial Executive*, septembre 1978, p. 32-35.

BIERMAN, H. Jr. «Valuing an Acquisition», *Financial Executive*, juillet 1980, p. 20-23.

BING, G. *Corporate Divestment*, Houston, Gulf Publishing, 1978, 167 p.

BIRLEY, S. «Acquisition Strategy or Acquisition Anarchy», *Financial Executive*, janvier 1976, p. 67-73.

BODILY, S. E., H. L. GABEL. «A New Job for Businessman: Managing the Company's Environment Resources», *Sloan Management Review*, été 1982, p. 3-18.

BOLAND, R. J. «Merger Planning. How Much Weight Do Personnel Factors Carry?» *Merger Planning and Personnel Factors*, mars-avril 1970, p. 8-13.

BOWER, J. J. *Strategy as a Problem Solving Theory of Business Planning*, Boston, Harvard Business School, 1967, 237 p.

BOWER, J. L. *Managing the Resource Allocation Process: A Study of Corporate Planning and Investment*, Graduate School of Business Administration, Harvard University, 1970, 363 p.

BRADLEY, J. W., D. H. KORN. *Acquisition and Corporate Development. A Contemporary Perspective for the Manager*, Lexington, Lexington Books, 1981, 252 p.

BRAVARD, J. *L'évaluation des entreprises*, Paris, Dunod, 1974, 108 p.

BRETON, B. «Fusion: les travailleurs ne sont pas protégés d'emblée», Québec, *Le Soleil*, 4 avril 1989, p. A-6.

BRILMAN, J., A. GAULTIER. *Pratique de l'évaluation et de la négociation des entreprises*, Paris, Éditions Hommes et Techniques, 1976, 318 p.

BRUNER, R. F., L. S. PAINE. «Management Buyouts and Managerial Ethics», *California Management Review*, hiver 1988, p. 89-106.

BUCKLEY, A. A. «Some Guidelines for Acquisitions», *Accounting and Business Research*, été 1971, p. 215-232.

BUCKLEY, A. A. «Growth by Acquisitions», *Long Range Planning*, août 1975, p. 53-60.

BUCKLEY, A. A. «How to Plan for Successful Company Growth», *Accountancy*, février 1979a, p. 98-100.

BUCKLEY, A. A. «A Blueprint for Acquisition Strategy», *Accountancy*, septembre 1979b, p. 79-85.

BUCKLEY, A. A. «The Criteria for Corporate Acquisition», *Accountancy*, octobre 1979c, p. 100-104.

BUONO, A. F., J. L. BOWDITCH, *The Human Side of Mergers and Acquisitions*, San Francisco, Jossey-Bass, 1989, 317 p.

BUTRICK, F. M. «Buy a Business for Next to Nothing», *Financial Executive*, février 1976, p. 22-26.

BYRD, C. E.   « Les regroupements d'entreprises et les participations perma-
nentes : l'opinion canadienne », Hamilton, *La Société des comptables
en management du Canada*, trad. G. Benoit, 1980, 85 p.

CABRERA, J. C.   « Takeovers... The Risks of the Game and How to Get
Around Them », *Management Review*, novembre-décembre 1982,
p. 44-50.

CAMERON, D.   « Appraising Companies for Acquisition », *Long Range Planning*, août 1977, p. 21-28.

CAMPBELL, I. R.   *The Principles and Practices of Business Valuation*,
Toronto, Richard de Boo, 1975, 485 p.

CAMPBELL, I. R.   *Business Valuation. A Non-Technical Guide for Business
People*, Toronto, Canadian Institute of Chartered Accountants, 1984,
411 p.

CAMPBELL, I. R., J. D. TAYLOR.   « Valuation of Elusive Intangibles », *Canadian Chartered Accountant*, mai 1972, p. 39-46.

CARTER, E. E.   *A Behavioral Theory Approach to Firm Investment and
Acquisition Decisions*, thèse de doctorat (Ph.D.), Pittsburg, Carnegy-
Mellon University, 1969, 214 p.

CHASTAIN, C. E.   « Bridling Corporate-Takeover Warfare », *SAM Advanced
Management Journal*, automne 1985, vol. 50, n° 4, p. 4-11.

CHAZELLE, J.   « Les problèmes humains », *in Fusions et concentrations,
nécessité économique ?* Essor 1966 Essec, 1966, p. 110-119.

CLARK, R. S.   « La planification des stratégies », *CAmagazine*, mars 1986,
p. 32-40.

COLE, B. S.   « Blueprint for Acquisition », *The Accountant's Journal*, juillet
1981, p. 416-418.

COUVREUR, J.-P.   *La décision d'investir et la politique de l'entreprise*,
Paris, Entreprise Moderne d'Édition, 1978, 345 p.

CROTEAU, O.   *Communications orales*, Montréal, École des Hautes Études
commerciales de Montréal, 1986.

DALTON, G. W., P. R. LAWRENCE, L. E. GREENE.   *Organizational Change
and Development*, Homewood, Irwin, 1970.

DION, G.   *Dictionnaire canadien des relations du travail*, Québec, Les
Presses de l'Université Laval, 1986, 993 p.

DIRECTEUR DES ENQUÊTES ET RECHERCHES.   « Rapport annuel », *Loi sur la
concurrence*, Consommation et Corporations Canada, ministère des
Approvisionnements et Services Canada, 1988, 91 p.

DIRSMITH, M. W., M. A. COVALESKI.   « Strategy, External Communication
and Environmental », *Strategic Management Journal*, 1983, vol. 4,
p. 137-151.

DOBRZYNSKI, J. H.   « A New Strain of Merger Mania », *Business Week*,
21 mars 1988a, p. 122-126.

DOBRZYNSKI, J. H.   « Learning from the Mangled Mergers of the Past »,
Business Week, 21 mars 1988b, p. 126.

DONALDSON, G. « La stratégie des taux de rentabilité », *Harvard-L'Expansion*, 1980, p. 144-154.

DORY, J. P. *The Domestic Diversifying Acquisition Decision*, Michigan, UMI Research Press, 1978, 253 p.

DRAYTON, C. I., C. EMERSON, J. D. GRISWOLD. *Mergers and Acquisitions. Planning and Action*, New York, Financial Executives Research Foundation, Routledge & Kegan Paul, 1965, 229 p.

DRUCKER, P. F. *Vers une nouvelle économie*, Paris, InterÉditions, 1984, 212 p.

ELLIS, S. L. « Hostile Takeovers. A Vulnerability Checklist », *Directors & Boards*, automne 1984, p. 52.

FALK, H., L. A. GORDON. « Imperfect Markets and the Nature of Goodwill », *Journal of Business Finance & Accounting*, 1977, vol. 4, n° 4, p. 443-459.

FELDMAN, M. L. « The SWAT Team Approach to Acquisition Analysis », *Mergers & Acquisitions*, hiver 1985, p. 61-63.

FERRARA, W. L. « Should Investment and Financing Decisions be Separated ? », *The Accounting Review*, janvier 1966, p. 106-114.

FINN, E. A. Jr. « General Eclectic », *Forbes*, 23 mars 1987, p. 74-78, 80.

FISHMAN, W. S. « The Success Factor in Acquisitions », *Directors & Boards*, printemps 1984, p. 10-15.

FLAMHOLTZ, E. G., J. LACEY. « The Implications of the Economic Theory of Human Capital for Personnel Management », *Personnel Review*, vol. 10, n° 1, 1981, p. 30-40.

FLAMHOLTZ, E. G., G. GEIS. « The Development and Implementation of a Replacement Cost Model for Measuring Human Capital : A Field Study », *Personnel Review*, vol. 13, n° 2, 1984, p. 25-35.

FLAMHOLTZ, E. G., T. K. DAS, A. S. TSUI. « Toward an Integrative Framework of Organizational Control », *Accounting, Organizations and Society*, 1985, vol. 10, n° 1, p. 35-50.

FRENOIS, J.-P. *Les décisions de fusion ou d'acquisition sont-elles quantifiables ?* Montréal, École des Hautes Études commerciales de Montréal, décembre 1980, 296 p.

GALE, B. T., B. BRANCH. « Le cash flow : un avantage stratégique », *Harvard-L'Expansion*, 1981, p. 60-65.

GALINGER, G. W. « Corporate Vulnerability to Cash Tender Offers », *Strategic Management Journal*, 1982, vol. 3, p. 179-196.

GELINIER, O. « Existe-t-il une dimension optimale de l'entreprise ? », *in Fusions et concentrations, nécessité économique ?* Essor 1966, Essec, 1966, p. 31-42.

GELINIER, O. « Stratégies externes et internes de l'entreprise compétitive », *Harvard-L'Expansion*, hiver 1981-1982, p. 78-91.

GELINIER, O. *Stratégie de l'entreprise et motivation des hommes*, Paris, Éditions Hommes et Techniques, 1984, 309 p.

GENDRON, L. «PME : la mutation continue», *Commerce*, avril 1989, p. 48, 56.

GILBERT, F. S. Jr. «The Asset-Based Acquisition : How to Maintain Working Capital and Financial Leverage», *Financial Executive*, décembre 1982, p. 54-56.

GILLETTE, C. G., J. L. HARVEY. «Getting the Facts About Prospective Acquisitions», *Financial Executive*, mai 1969, p. 34-38.

GILSON, Y. «Main-basse sur les pensions», *Commerce*, août 1987, p. 18.

GIROIRE, J. *La volonté stratégique de l'entreprise*, Paris, Entreprise Moderne d'Édition, 1985, 122 p.

GITZENDANNER, C., K. F. MISA, R. T. STEIN. «Management's Involvement in the Strategic Utilization of the Human Resource», *Management Review*, octobre 1983, p. 13-17.

GOLDBERG, W. H. *Mergers : Motives, Modes, Methods*, New York, International Institute of Management, 1983, 343 p.

GOOCH, L. B., R. J. GRABOWSKI. «Advanced Valuation Methods in Mergers & Acquisitions», *Mergers & Acquisitions*, été 1976, p. 15-29.

GORT, M. «Diversification, Mergers, and Profits», *in* ALBERTS, W. W., J. E. SEGALL, *The Corporate Merger*, Chicago, The University of Chicago Press, 1974, p. 31-51.

GOSSELIN, A. «Les contraintes à l'intégration des entreprises après une fusion ou une acquisition, comment 1 et 1 peuvent donner simultanément 1 et 3», *Gestion. Revue internationale de gestion*, septembre, 1987, p. 67-74.

GRAY, B., S. S. ARISS. «Politics and Strategic Change Across Organizational Life Cycles», *Academy of Management Review*, 1985, vol. 10, n° 4, p. 707-723.

HAFSI, T. «Le désinvestissement : pratiques et problèmes», *Gestion. Revue internationale de gestion*, septembre 1987, p. 86-94.

HALL, D. J., A. SAIAS. «Strategy Follows Structure», *Strategic Management Journal*, 1980, vol. 1, p. 149-163.

HAMILTON, G. «Managing by Acquisition», *Management Today*, mai 1985, p. 61, 145, 148.

HANDY, J. L. «How to Face Being Taken Over», *Harvard Business Review*, novembre-décembre 1969, p. 109-111.

HARVEY, J. L. «Planning for Postmerger Integration», *in* HARVEY, J. L., A. NEWGARDEN, *Management Guides to Mergers & Acquisitions*, New York, Wiley-Interscience, 1969, p. 246-253.

HARVEY, J. L., A. NEWGARDEN. *Management Guides to Mergers & Acquisitions*, New York, Wiley-Interscience, 1969, 319 p.

HASTIE, K. L., W. F. BRANDT. «Adjusted Earnings per Share. A Concept for Acquisition Evaluation», *Managerial Planning*, mars-avril 1975, p. 30-36.

HAWN, J. L.   « Mergers and Fringe Benefits », *in* HARVEY, J. L., A. NEWGARDEN, *Management Guides to Mergers & Acquisition*, Wiley-Interscience, 1969, p. 219-225.

HAYES, R. H.   « The Human Side of Acquisitions », *Management Review*, novembre 1979, p. 41-46.

HAYES, R. H., G. H. HOAG.   « Post Acquisition Retention of Top Management », p. 8-18.

HEATH, J. Jr.   « Valuation Factors and Techniques in Mergers & Acquisitions », *Financial Executive*, avril 1972, p. 34-44.

HEATH, J. Jr.   « Appraisal Processes in Mergers and Acquisitions », *Mergers & Acquisitions*, 1976, p. 4-21.

HELLER, M. F.   « Board of Directors : Legalistic Anachronism of Vital Force », *California Management Review*, printemps 1972, p. 24-30.

HERRMANN, A. L.   « A Decision Model for Mergers and Acquisitions », *Mergers & Acquisitions*, printemps 1976, p. 14-21.

HILTON, P.   *Planning Corporate Growth and Diversification*, New York, McGraw-Hill, 1970, 245 p.

HOFER, C. W.   « Turnaround Strategies », *The Journal of Business Strategy*, 1980, vol. 1, n° 1, p. 19-31.

HOVERS, J.   *Prises de contrôle et croissance de l'entreprise. Stratégie et tactique de la négociation. Étude financière et taux d'échange. Intégration*, Paris, Entreprise Moderne d'Édition, 1973, 195 p.

HOWELL, R. A.   « Plan to Integrate Your Acquisitions », *Harvard Business Review*, novembre-décembre 1970, p. 66-76.

HUSSEY, D. E.   « Strategic Evaluation of Acquisition », *The Accountant*, 15 novembre 1973, p. 646-648.

IMBERMAN, A. J.   « The Human Elements of Mergers », *Management Review*, juin 1985, p. 35-37.

IVANCEVICH, J. M., D. M. SCHWEIGER, F. R. POWER,   « Strategies for Managing Human Resources during Mergers and Acquisitions », *Human Resource Planning*, 1987, vol. 10, n° 1, p. 19-35.

JACOBS, A.   « Don't Forget the Union », *in* HARVEY, J. L., A. NEWGARDEN, *Management Guides to Mergers & Acquisitions*, New York, Wiley-Interscience, 1969, p. 226-240.

JACOTEY, Ch.   *Principes et techniques de l'évaluation des entreprises*, Paris, Delmas, 1979, 214 p.

JAMES, B. G.   « SMR Forum : Strategic Planning Under Fire », *Sloan Management Review*, 1984, p. 57-61.

JELINEK, M., J. A. LITTERER, R. E. MILES.   *Organizations by Design : Theory and Practice*, Homewood, Business Publications, 1981, 567 p.

JEMISON, D. B., S. B. SITKIN.   « Corporate Acquisitions : A Process Perspective », *Academy of Management Review*, vol. 11, n° 1, 1986, p. 145-163.

JEMISON, D. B., S. B. SITKIN.   « Acquisition : the Process Can Be a Problem », *Harvard Business Review*, mars-avril 1986, p. 107-116.

JENSEN, M. C. «Takeovers: Folklore and Science», *Harvard Business Review*, novembre-décembre 1984, p. 109-121.

JONES, C. S. *The Control of Acquired Companies. A Study of the Role of Management Accounting Systems*, London, The Institute of Cost and Management Accountants, 1983, 123 p.

JONES, C. S. «An Empirical Study of the Role of Management Accounting Systems Following Takeover or Merger», *Accounting, Organizations and Society*, 1985a, vol. 10, n° 2, p. 177-200.

JONES, C. S. «An Empirical Study of the Evidence for Contingency Theories of Management Accounting Systems in Conditions of Rapid Change», *Accounting, Organizations and Society*, 1985b, vol. 10, n° 3, p. 303-328.

KANTER, R. M. «Managing the Human Side of Change», *Management Review*, avril 1985, p. 52-56.

KAPLAN, A. *The Conduct of Inquiry. Methodology for Behavioral Science*, San Francisco, Chandler Publishing, 1963, 428 p.

KASTENS, M. L. «How Much an Acquisition Worth?», *Long Range Planning*, juin 1973, p. 52-57.

KELLOG, D. E. «How to Buy a Small Manufacturing Business», *Harvard Business Review*, septembre-octobre 1975, p. 92-102.

KELLY, E. J. «Have New Tender Offer Rules Given an Edge to Raiders?», *Mergers & Acquisitions*, novembre-décembre 1988, p. 33-35.

KHUN, T. S. *La structure des révolutions scientifiques*, Paris, Flammarion, 1983, 285 p., trad. fr. de *The Structure of Scientific Revolution*, Chicago, The University of Chicago Press, 1970, 210 p.

KIKER, B. F. «The Historical Roots of the Concept of Human Capital», *Journal of Political Economy*, octobre 1966, p. 481-499.

KILMANN, R. H., T. J. COVIN. *Corporate Transformation: Revitalising Organizations for a Competitive World*, San Francisco, Jossey-Bass Publishers, 1988, 580 p.

KIMBERLY, J. R., R. H. MILES and Associates. *The Organizational Life Cycle*, San Francisco, Jossey-Bass, 1981, 492 p.

KIMBERLY, J. R., R. E. QUINN. *Managing Organizational Transitions*, R. D. Homewood, Irwin, 1984, 322 p.

KIRKLAND, R. I. Jr. «Merger Mania is Sweeping Europe», *Fortune*, 19 décembre 1988, p. 157, 158, 162, 166.

KITCHING, J. «Why Do Mergers Miscarry?», *Harvard Business Review*, novembre-décembre 1967, p. 84-101.

KITCHING, J. *Acquisitions in Europe. Causes of Corporate Successes and Failures*, A Business International European Research Report, New York, Business International, 1973, 228 p.

KITCHING, J. «Why Acquisitions are Abortive?», *Management Today*, novembre 1974, p. 82-83, 148 p.

KOLKO, J. *Restructuring the World Economy*, New York, Pantheon Books, 1988, 390 p.

KRABER, R. W.   « Acquisition Analysis : New Help from Your Computer »,
Financial Executive, mars 1970, p. 10-15.

KRAUSE, W., J. LOTHIAN.   « La mesure du niveau de concentration des
sociétés au Canada », étude spéciale, *L'observateur économique canadien*,
janvier 1989, p. 3.14-3.31.

KUMAR, P.   « Corporate Growth Trough Acquisitions », *Managerial Planning*,
juillet-août 1977, p. 9-12, 39.

KUSEWITT, J. B.   « An Exploratory Study of Strategic Acquisition Factors
Relating to Performance », *Strategic Management Journal*, 1985, vol. 6,
p. 151-169.

LABERGE, R.   « C'est au Québec que fusions et acquisitions ont progressé
les plus rapidement au pays », Québec, *Le Soleil*, 4 avril 1989, p. B-2.

LAURIN, P.   *Facteurs humains de la croissance des P.M.E.*, Éditeur officiel
du Québec, 1975, 127 p.

LAWRENCE, P. R., J. W. LORSCH.   *Developing Organizations : Diagnosis
and Action*, Boston, Addison-Wesley, 1969, 101 p.

LE GOC, M.   *La concentration des entreprises. Une arme en temps de crise*,
Paris, Éditions Hommes et Techniques, 1976, 155 p.

LEIGHTON, C. M., G. R. TOD.   « After the Acquisition : Continuing Challenge »,
Harvard Business Review, mars-avril 1969, p. 90-102.

LEONTIADES, M.   « Choosing the Right Manager to Fit the Strategy », *The
Journal of Business Strategy*, 1979, p. 58-69.

LEONTIADES, M.   « Rationalizing the Unrelated Acquisition », *California
Management Review*, printemps 1982, vol. XXIV, n° 3, p. 5-14.

LEUKART, B. J.   « Dealing with Labor when a Company is Sold », *Mergers
& Acquisitions*, printemps 1984, p. 40-44.

LEVINSON, H.   « A Psychologist Diagnoses Merger Failures », *Harvard
Business Review*, mars-avril 1970, p. 139-147.

LEVITT, T.   « Pour vendre vos produits intangibles, matérialisez-les ! »,
Harvard-L'Expansion, hiver 1981-1982, p. 107-115.

LEWIN, K.   « Group Decision and Social Change », *in* MACOBY, E. E., T. M.
NEWCOMB et E.L. HARTLEY, *Readings in Social Psychology*, New York,
Holt Rinehart and Winston, 1958, p. 197-211.

LIKERT, R.   *Le gouvernement participatif des entreprises*, Paris, Gauthier-
Villars, 1974, 264 pages, trad. fr. de *The Human Organization : Its
Management and Value*, New York, McGraw-Hill, 1967, 258 p.

LINOWES, D. F.   *Managing Growth Through Acquisition*, American Management Association, 1968, 192 p.

LUTBAKIN, M.   « Mergers and the Performance of the Acquiring Firm »,
Academy of Management Review, vol. 8, n° 2, p. 218-225.

MACDOUGAL, G. E., F. V. MALEK.   « Master Plan for Merger Negotiations »,
Harvard Business Review, janvier-février 1970, p. 71-82.

MACE, M. L., G. G. MONTGOMERY Jr.   *Management Problems of Corporate
Acquisitions*, Division of Research, Graduate School of Business Administration, Boston, Harvard University, 1962, 275 p.

MALOTT, R. H.   « The Control of Divisionalized Acquisitions », *in* ALBERTS, W. W., J. E. SEGALL, *The Corporate Merger*, Chicago, The University of Chicago Press, p. 210-234.

MARKS, M. L.   « Merging Human Resources : A Review of Current Research », *Mergers & Acquisitions*, été 1982, p. 38-44.

MARTINDELL, J.   *Évaluation des gestionnaires et jugement sur la valeur de l'entreprise*, Paris, Éditions Hommes et Techniques, 1965, 227 p., trad. fr. de *The Appraisal of Management*, New York, Harper & Row, 1965, 227 p.

McCARTHY, G. D.   *Acquisitions and Mergers*, The Ronald Press, 1963, 353 p.

McGREGOR, D.   *The Human Side of Enterprise*, New York, McGraw-Hill, 1960, 205 p.

McQUILLAN, P., R. COFFREY, R. HORNER, W. BOWEN.   *Purchase and Sale of a Business*, Toronto, The Canadian Institute of Chartered Accountants, 1980, 257 p.

MEE, M. J.   « The Tasks of Human Asset Accounting », *Accounting and Business Research*, vol. 13, n° 49, hiver 1982, p. 42-48.

MINTERN, J. W.   « Important Factors to Consider in Mergers and Acquisitions », *Cost and Management*, janvier-février 1972, p. 11-18.

MIRVIS, P., M. L. MARKS, « Merger Syndrome : Management by Crisis », *Mergers & Acquisitions*, janvier-février 1986, p.70-76.

MORIN, D. B., W. CHIPPINDALE.   *Acquisitions and Mergers in Canada*, Toronto, Methuen, 1970, 382 p.

NAYLOR, T. H., F. TAPAN.   « Effective Use of Strategic Planning, Forecasting, and Modeling in the Executive Suite », *Managerial Planning*, vol. 30, janvier-février 1982, p. 4-11.

NAYLOR, T. H., F. TAPAN.   « Capital Asset Pricing Model : An Evaluation of its Potential as a Strategic Planning Tool », *Management Science*, vol. 28, octobre 1982, p. 1166-1173.

NEWBOULD, G. D.   *Management and Merger Activity*, Liverpool, Guthstead, 1970, 238 p.

NEWPORT, J. P. Jr.   « LBOs Greed, Good Business — or Both ? », *Fortune*, 2 janvier 1989, p. 66-71.

NOLY, R.   *L'estimation de la valeur des petites et moyennes entreprises par d'éventuels acquérieurs ou bailleurs de fonds*, Paris, Éditions d'Organisation, 1969, 127 p.

NORA, D.   *Les possédés de Wall Street*, Paris, Denoël, 1987, 262 p.

ORTSMAN, O.   « Les nouveaux critères de gestion des entreprises américaines », *Revue française de gestion*, juin-juillet-août 1983, p. 6-10.

OVENS, G.   « Introduction to the Business Valuation Field », *Canadian Chartered Accountant*, septembre 1971, p. 221-223.

PAINE, F. T., D. J. POWER.   « Merger Strategy : An Examination of Drucker's Five Rules for Successful Acquisitions », *Strategic Management Journal*, 1984, vol. 5, p. 99-110.

PARKER, J. M. « The Key Role of Property Appraisals in Mergers and Acquisitions », *Financial Executive*, septembre 1972, p. 20-23.

PARSONS, R. Q., J. S. BAUMGARTNER. *Anatomy of a Merger*, Englewood Cliffs, Prentice-Hall, 1970, 191 p.

PEKAR, Jr., P. P., D. J. ELLIS. « Acquisitions : Let's Do Them Properly », *Managerial Planning*, janvier-février 1980, p. 20-22.

PENE, D. *Valeur et regroupements des entreprises*, Méthodes et pratiques, Paris, Dalloz, Série Finances, 1979, 271 p.

PENN, T. A. « What Directors Should Know About Acquisition Premiums », *Directors and Boards*, automne 1981, p. 22-25.

PERHAM, J. C. « The Secret Executive Perk », *Dun's*, août 1974, p. 53-55.

PERHAM, J. « What CEO's Think of Takeovers », *Dun's Business Month*, novembre 1983, p. 80-81, 84.

PETERS, T., R. WATERMAN. *Le prix de l'excellence. Les secrets des meilleures entreprises*, Paris, InterÉditions, 1983, 359 p.

PICHER, C. « Vers une économie planétaire », Montréal, *La Presse*, 31 janvier 1989, p. B-5.

PICHER, C. « Acheter ou être acheté, voilà la question », *La Presse*, 13 avril 1989, p. B-4.

PINOTEAU, C. *L'évaluation des entreprises par l'analyse et la prévision économiques*, SEF, Paris, Société d'Éditions Économiques et Financières, mars 1967, 267 p.

PIROLLI, R. *L'évaluation des entreprises dans les opérations de concentration* (fusion, scission, apport partiel d'actif), Paris, Masson, 1981, 267 p.

POURBAIX, C. *Valeur de l'entreprise, critères et mesures*, Paris, Dunod, 1969, 318 p.

PRINCE, R. M. « How to Make an Overseas Acquisition You Can Live With », *in* HARVEY, J. L., A. NEWGARDEN, *Management Guides to Mergers & Acquisitions*, New York, Wiley-Interscience, 1969, p. 280-288.

PRITCHETT, P. *After the Merger : Managing the Shockwaves*, Homewood, Jones-Irwin, 1985.

QUINN, J. B. « Technological Innovation, Entrepreneurship and Strategy », *Sloan Management Review*, printemps 1979, p. 19-30.

RAPPAPORT, A. « Financial Analysis for Mergers and Acquisitions », *Mergers & Acquisitions*, hiver 1976, p. 18-36.

RAPPAPORT, A. « Executive Incentives vs Corporate Growth », *Harvard Business Review*, juillet-août 1978, p. 81-88.

RAPPAPORT, A. « La vraie rentabilité d'une entreprise », *Harvard-L'Expansion*, 1979, p. 72-83.

RAPPAPORT, A. « Do You Know the Value of Your Company », *Mergers & Acquisitions*, printemps 1979a, p. 12-17.

RAPPAPORT, A. « Strategic Analysis for More Profitable Acquisitions », *Harvard Business Review*, juillet-août 1979b, p. 99-110.

REED, S. F. « Corporate Growth by Strategic Planning. Part I : Developing a Strategy », *Mergers & Acquisitions*, été 1977a, p. 4-13.

REED, S. F. « Corporate Growth by Strategic Planning. Part II : Developing a Plan », *Mergers & Acquisitions*, automne 1977b, p. 4-27.

REED, S. F. « Corporate Growth by Strategic Planning. Part III : Developing a Methodology », *Mergers & Acquisitions*, hiver 1978, p. 19-37.

REID, S. R. « Is the Merger the Best Way to Grow ? », *Business Horizons*, vol. 12, n° 2, février 1969, p. 41-50.

REUM, W. R., T. A. STEELE. « Contingent Payouts Cut Acquisition Risks », *Harvard Business Review*, mars-avril 1970, p. 83-91.

RIGGS, T. J. « Mergers and People », *in* HARVEY, J. L., A. NEWGARDEN, *Management Guides to Mergers & Acquisitions*, New York, Wiley-Interscience, 1969, p. 211-237.

RIOUX, C. « Libre-échange : l'heure de vérité », *Commerce*, mars 1988, p. 91, 92, 94-96.

ROBBINS, S. P. *Organization Theory. The Structure and Design of Organizations*, Englewood Cliffs, Prentice-Hall, 1983, 432 p.

ROBERT, P. *Le Petit Robert*, Dictionnaire alphabétique et analogique de la langue française, Paris, Dictionnaire Le Robert, 1987, 2172 p.

ROBITAILLE, L.-B. « L'empire Europe s'en vient », *L'Actualité*, février 1989, p. 36-39, 41, 42.

ROCKWELL, W. F. « How to Acquire a Company », *Harvard Business Review*, septembre-octobre 1968, p. 121-132.

RODINO, P. W. « Regulatory Relief : A Plan to End Hostile Takeovers », *Directors & Boards*, été 1984, p. 14-17.

ROSENBLOOM, A. H., A. W. HOWARD. « 'Bootstrap' Acquisitions and How to Value Them », *Mergers & Acquisitions*, hiver 1977, p. 18-26.

ROUSSEAU, L. « Comment comptabiliser vos ressources humaines ? », *Gestion. Revue internationale de gestion*, février 1983, p. 27-34.

ROUSSEAU, L. *La comptabilisation des ressources humaines : des notions et une recherche empirique*, monographie 15, Montréal, École de relations industrielles, Université de Montréal, 1983, 108 p.

ROUSSEAU, L. *La considération des aspects humains dans l'évaluation non financière d'entreprises en vue de l'acquisition*, Montréal, École des Hautes Études commerciales de Montréal, 1986, 140 p.

ROUSSEAU, L. *L'importance relative des ressources humaines parmi les facteurs intervenant dans l'acquisition d'entreprises*, thèse de doctorat (Ph.D.), Montréal, École des Hautes Études commerciales de Montréal et Université de Montréal, 1987, 647 p.

ROUSSEAU, L. « L'évaluation des gestionnaires lors d'une acquisition d'entreprises », *Gestion. Revue internationale de gestion*, mai 1988, p. 50-58.

ROUSSEAU, L. « Acquisitions, fusions, offres publiques d'achat : notions de base et facteurs considérés », *in* BÉLANGER, L., C. LIPSIG, F. MORIN, M. PÉRUSSE (sous la direction de), *Acquisition ou fusion d'entreprises et emplois*, Département des relations industrielles de l'Université, Québec, Les Presses de l'Université Laval, 1989a, p. 189-252.

ROUSSEAU, L. « Attention aux relations de travail lors de l'acquisition d'entreprises! » *Gestion. Revue internationale de gestion*, novembre 1989b, p. 56-62.

RUMELT, R. *Strategy, Structure and Economic Performance*, Boston, Harvard Business School, 1974, 235 p.

SAGE, E. *Comment évaluer une entreprise*, Paris, Éditions Sirey, 1979, 209 p.

SALTER, M. S., W. A. WEINHOLD. « Diversification via Acquisition : Creating Value », *Harvard Business Review*, juillet-août 1978, p. 166-176.

SALTER, M. S., W. A. WEINHOLD. *Diversification Trough Acquisition : Strategies for Creating Economic Value*, New York, Free Press, 1979, 330 p.

SALTER, M. S., W. A. WEINHOLD. « Choosing Compatible Acquisitions », *Harvard Business Review*, janvier-février 1981a, p. 117-127.

SALTER, M. S., W. A. WEINHOLD. « Choisissez des acquisitions compatibles », *Harvard-L'Expansion*, été 1981b, p. 91-103.

SCHWEIGER, D. M., J. M. IVANCEVICH, « Human Resources : the Forgotten Factor in Mergers and Acquisitions », *The Personnel Administrator*, novembre 1985, p. 47-61.

SCHWEIGER, D. M., J. M. IVANCEVICH, F. R. POWER, « Executive Actions for Managing Human Resources Before and After Acquisitions », *Academy of Management Executive*, 1987, vol. 1, n° 2, p. 127-138.

SCHEIN, E. H. « Coming to a New Awareness of Organizational Culture », *Sloan Management Review*, hiver 1984, vol. 25, n° 2, p. 3-16.

SCOTT, B. R. « Stages of Corporate Development », *Harvard Graduate School of Business Administration*, 1970.

SCOTT, B. R. « L'état industriel : vieux mythes et réalités nouvelles », *Encyclopédie du Management*, 2.23-1 à 2.23-22 (article tiré de *Harvard Business Review*, mars-avril 1973).

SEARBY, F. W. « Control Post-Merger Change », *Harvard Business Review*, septembre-octobre 1969, p. 4-12, 154-155.

SEETOO, D. H. W. *The Strategy of Large Horizontal Mergers : An Empirical Investigation*, Evanston, Northwestern University, 1977, 315 p.

SEGNAR, S. F. « Seasoned Advice from the Merger Arena », *Directors & Boards*, hiver 1985, p. 17-19.

SHIRLEY, R. C. « The Human Side of Merger Planning », *Long Range Planning*, 19, 1977, p. 142-152.

SHORT, R. A. *Business Mergers. How and When to Transact Them*, Englewood Cliffs, Prentice-Hall, 1967, 209 p.

SIEHL, C., G. LEDFORD, R. SILVERMAN, P. FAY. « Preventing Culture Clashes from Botching a Merger », *Mergers & Acquisitions*, mars-avril 1988, p. 51-57.

SILBERT, T. H.   « Evaluating Acquisition Prospects », *Financial Executive*, mars 1969, p. 33-36.

SIMON, Y., H. TEZENAS DU MONTCEL.   *Économie des ressources humaines dans l'entreprise*, Paris, Masson, 1978, 215 p.

SINETAR, M.   « Mergers, Morale and Productivity », *Personnel Journal*, 60, 1980, p. 863-867.

SKINNER, R. M.   *Les principes comptables : une étude canadienne*, Toronto, Institut canadien des comptables agréés, 1973, 539 p.

SLATER, J.   « Acquisitions : Avoiding the Pitfalls », *Finance*, 1972, p. 72-77.

SMITH, J. S., F. E. NYDEGGER.   « Acquiring a Business », *Management Controls*, mars 1972, p. 45-47.

SMITH, W. R.   « Accounting for Goodwill — by M.G. Tearney » (A Reply). *The Journal of Accountancy*, novembre 1973, p. 36, 38, 40.

SMOLLEN, W. J.   « Some Basic Aspects of Mergers and Acquisitions », *Managerial Planning*, mai-juin 1970, p. 6-11.

SONG, J. H.   « Diversification Strategies and the Experience of Top Executives of Large Firms », *Strategic Management Journal*, 1982, vol. 3, p. 377-380.

SONG, J. H.   « Diversifying Acquisitions and Financial Relationships : Testing 1974-1976 Behaviour », *Strategic Management Journal*, 1983, vol. 4, p. 97-108.

STATISTIQUE CANADA.   « La mesure du niveau de concentration des sociétés du Canada. Étude spéciale », *L'observateur économique canadien*, janvier 1989, p. 3.14-3.31.

STEINER, P. O.   *Mergers : Motives, Effects, Policies*, Ann Arbor, University of Michigan Press, 1975, 359 p.

STEVENSON, H. H., D. E. GUMPERT.   « The Heart of Entrepreneurship », *Harvard Business Review*, mars-avril 1985, p. 85-94.

STOLAND, J. A.   « Planning Acquisitions and Mergers », *Long Range Planning*, février 1975, p. 66-71.

STRAGE, M.   *Acquisition and Merger Negotiating Strategy*, New York, Presidents Publishing House, 1971, 342 p.

STRISCHEK, D.   « How to Determine the Value of the Firm », *Management Accounting*, janvier 1983, p. 42-49.

SYLVAIN, F.   *Dictionnaire de la comptabilité et des disciplines connexes*, Toronto, Institut canadien des comptables agréés, 1982, 662 p.

TABOULET, A.   « La stratégie de l'entreprise. Analyse et prévision, 1967 », *in* LE GOC, M., *La concentration des entreprises. Une arme en temps de crise*, Paris, Éditions Hommes et Techniques, 1976, p. 52.

TEARNEY, M. G.   « Accounting for Goodwill. An Informational Approach », *The Accountant*, 16 mai 1973a, p. 631-632.

TEARNEY, M. G.   « Accounting for Goodwill : A Realistic Approach », *The Journal of Accountancy*, juillet 1973b, p. 41-45.

TEARNEY, M. G. « Accounting for Goodwill » (A Reply), *The Journal of Accountancy*, 13 décembre 1973c, p. 40.

TERRY, R. J. « Ten Suggestions for Acquisition Success », *Managerial Planning*, septembre-octobre 1980, p. 13-16.

TWISS, B. C. *Managing Technical Innovation*, Longman, 1974, 237 p.

VAN DE VEN, A. H., D. L. FERRY. *Measuring and Assessing Organizations*, John Wiley & Sons, 1980, 552 p.

VAN PELT, J. V. « Post Audit of Capital Expenditures », *Management Accounting*, 1967, p. 33-40.

VIAL, P., R. ZISSWILLER. « Comment analyser une acquisition ou une fusion ? », *Encyclopédie du Management*, 6.42-1 à 6.42-26 (article tiré de *Analyse financière*, n° 6, décembre 1971).

VIEL, J., O. BREDT, M. RENARD. *L'évaluation des entreprises et des parts d'entreprise*, Guide pratique avec des exemples numériques, Paris, Dunod, 1971, 118 p.

WALLNER, N. « Leveraged Buyouts : A Review of the State of the Art », Part I, *Mergers & Acquisitions*, automne 1979, p. 4-13.

WALLNER, N. « Leveraged Buyouts : A Review of the State of the Art », Part II, *Mergers & Acquisitions*, hiver 1980, p. 16-26.

WALLNER, N., J. T. TERRENCE. *How To Do a Leveraged Buyout or Acquisition*, San Diego, Buyout Publication, 1984, 208 p.

WEBB, M. *How to Acquire a Company*, Epping, Essex, Gower Press, 1974, 181 p.

WEINSHALL, T. D., Y.-A. RAVEH. *Managing Growing Organizations*, Chichester, John Wiley & Sons, 1983, 413 p.

WEISS, G. « Why the OTC Market is a Bargain — Hunter's Paradise », *Business Week*, 21 mars 1988, p. 116-118.

WELSH, J. J. « Pre-Acquisition Audit : Verifying the Bottom Line », *Management Accounting*, janvier 1983, p. 32-37.

WERNERFELT, B. « A Resource-Based View of the Firm », *Strategic Management Journal*, 1984, vol. 5, p. 171-180.

WHEELE, R. V. « Is This Merger Right For You », *Management Accounting*, mars 1981, p. 35-47.

WISSEMA, J. G., A. F. BRAND, H. W. VAN DER POL. « The Incorporation of Management Development », *Strategic Management Journal*, 1980, vol. 2, p. 361-377.

WIZNITZER, L. « OPA sur l'Europe », *Commerce*, juin 1988, p. 12-14.

WOOT DE, P., X. DESCLEE DE MAREDSOUS, avec la collaboration de M. ERMANS, F. GIEGAS, M. ROELS. *Le management stratégique des groupes industriels. Fonctionnement au Sommet et culture d'entreprise*, Paris, Collection Gestion, Economica, 1984, 155 p.

WYATT, A. R., D. E. KIESO. *Business Combinations : Planning and Action*, Scranton, International Text Company, 1969, 195 p.

YIP, G. S. « Diversification Entry : Internal Development versus Acquisition », *Strategic Management Journal*, 1982, vol. 3, p. 331-345.

ZALEZNIK, A. « Power and Politics in Organizational Life », *Harvard Business Review*, mai-juin 1970, p. 47-60.

ZEITLIN, M. P. *The Decision Process of Corporate Acquisition*, thèse de doctorat (Ph.D.), Stanford University, 1975, 455 p.

ZIADE, J. P. « The Technique of Evaluation in Mergers », *Accountancy*, juillet 1969, p. 500-508.

The Acquisition Climate in Europe, Business International Corporation, mai 1982, 131 p.

« The Cash Flow Takeover Formula », *Business Week*, 18 décembre 1978, p. 86-87.

« The Epidemic of Insider Trading », *Business Week*, 29 avril 1985, p. 78-92.

« Merger Mania », *Business Week*, 21 mars 1988, p. 122-125.

Fusions et concentrations, nécessité économique ?, Paris, Essor 1966 Essec, 1966, 218 p.

« What Will "General Eclectic" Eat Next ? », Cover illustration by Robert Grossman, *Forbes*, 23 mars 1987.

L'entreprise moderne. Dictionnaire encyclopédique, Paris, Hachette, 1972, 1408 p.

Mergers and Acquisitions in Canada — 1986 Edition, Toronto, Harris-Bentley Limited, 1986, 16 p.

Mergers and Acquisitions in Canada — 1986 Edition, Toronto, Harris-Bentley Limited, 1987, 12 p.

L'entreprise... Demain, Paris, Dunod, 1981, 187 p.

Manuel, Toronto, Institut canadien des comptables agréés, 1988.

« LBO (Leveraged Buyouts) », Special Section, *Mergers & Acquisitions*, novembre-décembre 1988, p. 6, 8-9, 41-61.

« Annual Report », New York, *McKinsey & Co.*, 1986, 126 p.

« The Hunt for M & A Bargains », *Mergers & Acquisitions*, janvier-février 1988, p. 9-10.

« Almanac, 1987 Profile », *Mergers & Acquisitions*, mai-juin 1988, p. 45-56.

« Quarterly Profile », *Mergers & Acquisitions*, janvier-février 1989, p. 66-67.

« Strategic Considerations in Information Management », *Information Management*, Northern Telecom inc., printemps 1985, p. 33-40.

Acquisitions in the U.S.A., Information Guide, New York, Price Waterhouse, 1985, 60 p.

COMPOSÉ AUX ATELIERS
GRAPHITI BARBEAU, TREMBLAY INC.
À SAINTE-MARIE-DE-BEAUCE

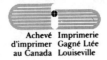

Achevé   Imprimerie
d'imprimer Gagné Ltée
au Canada Louiseville